Birgit Adam

Neues Land, neues Glück

Birgit Adam

Neues Land, neues Glück

Wie Ihr Traum vom Auswandern Realität wird

mvg Verlag

Bibliografische Information Der Deutschen Bibliothek
Die Deutsche Bibliothek verzeichnet diese Publikation in der Deutschen Nationalbibliografie; detaillierte bibliografische Daten sind im Internet über http://dnb.ddb.de abrufbar.

Umschlaggestaltung: Coverdesign Uhlig, Augsburg
Redaktion: Dr. Gabriele Schweickhardt, Frankfurt am Main
Satz: mi, D. Ott
Druck und Bindearbeiten: Himmer, Augsburg
Printed in Germany 73440/020404
ISBN 3-478-73440-1

Inhalt

Vorwort

„Nichts wie weg hier!" – das denken sich immer mehr Menschen angesichts der aktuellen Lage in Deutschland: Wirtschaftliche und politische Stagnation und die allgemein depressive Stimmung im einstigen Wirtschaftswunderland bringen viele junge Menschen auf die Idee, ihr Glück im Ausland zu versuchen. Und warum auch nicht? Schließlich wächst die Welt im Zeitalter der Globalisierung immer mehr zusammen. Schon während des Studiums haben viele Menschen erste Auslandserfahrungen gesammelt, eventuell ein Praktikum absolviert und Fremdsprachenkenntnisse erworben.

Und tatsächlich: Immer mehr Menschen wandern aus oder denken zumindest ganz ernsthaft darüber nach. Das Raphaels-Werk, das seit 130 Jahren Auswanderungswillige berät, stellt in jüngster Zeit einen enormen Zuwachs an Ratsuchenden fest. Rund die Hälfte der „Flüchtigen" sind zwischen 18 und 40 Jahre alt, zahlen also Rentenversicherungsbeiträge. Als Grund für den Neustart im Ausland geben rund 21 Prozent an, in Deutschland keine Zukunft mehr zu sehen, an zweiter und dritter Stelle stehen der Wunsch nach einem Neuanfang und die Hoffnung auf bessere Lebensqualität.

Der Schritt, die Heimat hinter sich zu lassen, will jedoch wohl überlegt und noch besser vorbereitet sein. Oft weckt ja ein schöner Urlaub die Sehnsucht danach, für immer in ein bestimmtes Land zu gehen – dass dies mit dem Alltagsleben nichts zu tun hat, übersehen viele Möchtegernauswanderer zunächst. Doch selbst wenn der Entschluss auszuwandern endgültig feststeht und man sich gründlich über sein Wunschland informiert hat, steht man vor einer ganzen Reihe von Fragen und Problemen:

- Welche Einwanderungsbestimmungen gelten für das Zielland?
- Wie finde ich einen Job und eine Wohnung?
- Wie organisiere ich den Umzug?
- Was passiert mit meinen Rentenansprüchen?
- Welche Staatsangehörigkeit soll ich annehmen?
- Was ist, wenn ich später doch wieder nach Deutschland zurückkehren möchte?

Das vorliegende Buch beantwortet all diese Fragen und zeigt, wie Sie Ihre Auswanderungspläne vernünftig angehen. Neben einer gründlichen Vorbereitung stehen dabei auch die persönlichen Voraussetzungen sowie rechtliche Fragen im Mittelpunkt. Schließlich werden die Top Ten der Auswanderungsländer ein wenig näher vorgestellt und Sie erhalten jede Menge Tipps, wie auch Sie in einem neuen Land ein neues Glück finden können.

Einen guten Neustart im Land Ihrer Träume wünscht Ihnen

Birgit Adam

Anmerkung: Dieses Buch enthält keine rechtlichen Ratschläge und ist kein Ersatz für professionellen rechtlichen Rat. Gesetze und Einwanderungsbestimmungen können sich schnell ändern. Die Angaben in diesem Buch beruhen auf dem Stand vom Oktober 2003. Bevor Sie Ihr Auswanderungsvorhaben konkret angehen, sollten Sie sich auf jeden Fall bei der jeweiligen Botschaft die aktuellsten Bestimmungen besorgen.

Information statt Illusion

Ach wie schön war es doch im letzten Urlaub in Thailand! Können wir nicht für immer hier bleiben? Ein Häuschen unter Palmen, keine kalten Winter und alles ist so billig...
Doch Vorsicht: Ein schöner Urlaub sagt rein gar nichts darüber aus, wie das Leben in einem Land wirklich ist. Wer ernsthaft mit dem Gedanken ans Auswandern spielt, sollte sich zuerst einmal gründlich über sein Zielland informieren, und zwar auch über eventuelle Schattenseiten. Wie Sie das anstellen und wer Ihnen dabei helfen kann, erfahren Sie in diesem Kapitel.

Gründe für die Auswanderung

Der Gedanke ans Auswandern spukt uns schnell einmal im Kopf herum: Oft reicht schon ein besonders verregneter deutscher Sommer und wir wünschen uns ganz weit weg, sehnen uns nach unserem persönlichen „Platz an der Sonne." Für immerhin 7 Prozent der Auswanderer ist das schlechte deutsche Wetter ausschlaggebend dafür, ihrer Heimat für immer den Rücken zu kehren. Und natürlich: Temperaturen von -20 Grad im Winter und häufiger Dauerregen im Sommer sind nicht jedermanns Sache, doch ab und zu werden wir ja auch mit einem Sommer wie im Jahr 2003 entschädigt. Und wegen ein bisschen Sonne gleich ein Leben lang auf frische Brezeln, Dieter Bohlen und Omas Dienste als Babysitter verzichten? Ein Neustart in einem anderen Land will wohl überlegt sein. Die meisten Auswanderer haben denn auch ganz andere Motive, ihr Glück im Ausland zu suchen. Eine Umfrage der Internetseite *http://www.auswandern-aktuell.de* aus dem Frühjahr 2003 hat folgende Gründe ausgemacht:

In Deutschland hat man keine richtige Zukunft mehr	21,8 %
Ich will noch einmal neu anfangen	15,5 %
Ich erhoffe mir höhere Lebensqualität im Ausland	15,2 %
In Deutschland ist alles irgendwie festgefahren	13,0 %
Mir stinkt die alte Heimat einfach 9,9 %	
Andere Menschen und neue Aufgaben reizen mich	9,6 %
Ein Häuschen unter Palmen, viel Sonne ...	7,1 %
Andere Gründe	7,9 %

Warum wollen Menschen auswandern?

Na, und was ist es bei Ihnen? Haben Sie das Gefühl, in Deutschland beruflich auf keinen grünen Zweig zu kommen? Haben Sie gerade Ihr Studium abgeschlossen und finden trotz guter Noten, zahlreicher Praktika und einiger Zusatzqualifikationen einfach keine Stelle? Haben Sie die Nase voll von der politischen Stagnation in Deutschland, von einem Land, in dem nichts vor und zurück geht und das manchmal an seiner eigenen Bürokratie zu ersticken droht? Geht bei Ihnen momentan alles schief – Job, Freundin und Geld weg – oder wollen Sie einfach nur Ihr altes Leben hinter sich lassen? Oder plagte Sie schon immer einmal die Sehnsucht danach, fremde Länder zu sehen und ein ganz anderes Leben zu führen?

Gründe wie mangelnde Zukunftsperspektiven, Desillusionierung und eine generelle Unzufriedenheit mit dem Leben in der alten Heimat sind schon wichtige Motive für eine Auswanderung. Vor allem Hochschulabgänger sowie hoch qualifizierte Akademiker haben heute in

Deutschland oft nur schlechte Berufschancen. Nicht einmal ein hervorragendes Abschlusszeugnis, Auslandserfahrung und Praktika bei renommierten Unternehmen können einem Hochschulabsolventen heute noch eine Stelle garantieren. Häufig haben diese jungen Akademiker bereits während des Studiums durch Praktika oder Auslandssemester Auslandserfahrung gesammelt und Kontakte in alle Welt geknüpft. Was liegt nun näher, als diese Kontakte wieder zu aktivieren und sein Glück im Ausland zu versuchen? Zwar sind auch Länder wie die USA oder Großbritannien natürlich nicht von der allgemeinen Wirtschaftskrise und Rezession verschont geblieben, doch sieht die Situation für junge Akademiker dort im Moment noch etwas rosiger aus als bei uns.

Auch die Arbeitslosenzahlen liegen mit 5,2 Prozent für Großbritannien und 5,8 Prozent für die USA weit unter unseren 10,4 Prozent vom Juli 2003. Und Deutsche, die im Ausland auf Jobsuche gehen, bringen zwei bedeutende Erfolgsfaktoren mit: Neben hervorragenden Kenntnissen in der Sprache des Ziellandes (eine wichtige Voraussetzung für einen Karrierestart im Ausland) verfügen sie über perfekte Kenntnisse in einer „Fremdsprache“, nämlich Deutsch, und jede Menge interkulturelle Kompetenz – und genau diese zwei Fähigkeiten sind auf dem heutigen globalen Arbeitsmarkt besonders gefragt.

Alle genannten Gründe – und noch viele, viele mehr – können hinter einem Auswanderungsvorhaben stecken. Wichtig ist jedoch, dass Sie Ihre eigenen Motive gründlich überprüfen und sich ernsthaft Gedanken machen, ob eine Auswanderung wirklich die richtige Lösung für Ihr Problem ist.

Auswandern als Flucht funktioniert nicht

Oft verbirgt sich hinter dem Wunsch nach einem Leben in einem anderen Land eine Art Flucht vor sich selbst: Eine große Krise wirft die bisherige Lebensplanung völlig durcheinander und man möchte seinem alten Leben entkommen und noch einmal ganz von vorn beginnen. Doch Vorsicht: Nur weil man in einem anderen Land lebt, ist man noch lange kein anderer Mensch. Zwar ist eine Auswanderung immer auch ein Neuanfang auf allen Ebenen – im Beruf, beim Wohnort, hinsichtlich Freunden oder Familie –, doch man selbst bleibt dabei trotzdem der oder die Alte mit all seinen oder ihren Problemen, vor denen man doch eigentlich weglaufen wollte. Auswandern als Flucht vor sich selbst kann nicht funktionieren – versuchen Sie es daher also gar nicht erst.

Dasselbe gilt für Auswandern als Flucht vor dem Gesetz, doch das will ich Ihnen lieber gar nicht erst unterstellen. Nur zweierlei sei dazu gesagt: Sollten Sie in der Tinte sitzen und untertauchen wollen, so bedenken Sie erstens, dass die internationale Zusammenarbeit der Polizeibehörden hervorragend funktioniert, und zweitens, dass Sie für die meisten Länder ein polizeiliches Führungszeugnis benötigen, um dort legal leben zu können. Also stehen Sie lieber zu dem, was Sie getan haben!

Drum prüfe, wer... auswandert

Welcher der genannten Gründe auch immer auf Sie zutreffen mag: Unterziehen Sie Ihre Motive für eine Auswanderung einer gründlichen Überprüfung. Niemand sollte aus einer spontanen Laune heraus oder weil es jetzt schon das dritte Wochenende hintereinander durchregnet diesen Schritt tun – einmal ganz abgesehen davon, dass solchen „Spontan-Möchtegern-Auswanderern" wahrscheinlich schnell die Puste ausgeht, wenn sie merken, was für ein Papierkram und welcher finanzielle Aufwand da auf sie zukommen. Und wer weiß, vielleicht wird das Wetter ja auch bald wieder besser?

Eine Auswanderung ist keine Entscheidung, die man einfach so aus einer Laune heraus trifft – nein, sie beeinflusst Ihre ganze Zukunft und – wenn Sie Familie haben oder eine gründen wollen – auch die Zukunft anderer Menschen. Denken Sie daher intensiv darüber nach, ob Sie in Ihrer alten Heimat wirklich keine Chance mehr für sich sehen und welche Konsequenzen Ihre Entscheidung für Sie und eventuelle Familienmitglieder mit sich bringt. Richten Sie Ihren Blick dabei nicht nur auf das nächste Jahr, sondern auch in die fernere Zukunft. Ihr Traum von einer Tauchschule auf einer thailändischen Insel mag durchaus realisierbar sein und das Unternehmen auch Gewinn abwerfen, doch wie sieht es zum Beispiel aus, wenn Sie später einmal Kinder haben sollten? Wollen Sie, dass sie in Thailand zur Schule gehen (womit ich nichts gegen das thailändische Schulsystem sagen will, doch was ist, wenn Ihre Kinder später lieber in Deutschland arbeiten wollen?)? Natürlich können Sie später immer noch in Ihre alte Heimat zurückkehren, trotzdem sollten Sie die Tragweite der Entscheidung für das Auswandern nicht unterschätzen. Neuseeland oder Paraguay sind nun einmal sehr weit weg von Deutschland und Sie können nicht einfach einmal so am Wochenende Ihre Eltern besuchen oder sich einen Vorrat an Gummibärchen und Sauerbraten anlegen, um Ihr Heimweh zu lindern.

Um auszuwandern, sollten Sie einen ernsthaften Grund haben. Auch wenn Ihnen die neuseeländische Landschaft in „Der Herr der Ringe“ noch so gut gefallen hat – ist das bereits ein Anlass, um alle Brücken hinter sich abzubrechen und auf die andere Seite der Welt zu ziehen?

Informationen sammeln

Um bei unserem Beispiel aus „ Der Herr der Ringe“ zu bleiben: Ja, auch ich muss gestehen, dass mich die Landschaftsaufnahmen von Neuseeland sehr beeindruckt haben. Mag sein, dass das auch bei Ihnen so war und dass Sie aus beruflichen Gründen sowieso schon seit längerem darüber nachdenken, Ihr Glück im Ausland zu versuchen. Warum dann also nicht gleich in Neuseeland? Bevor Sie an die neuseeländische Botschaft schreiben und die Einwanderungsanträge anfordern, sollten Sie sich allerdings noch ein paar zusätzliche Informationen über Ihr vermeintliches Traumland besorgen.

Sie kennen ja das alte Sprichwort: „Woanders ist das Gras immer grüner.“ Doch ist es das wirklich? Für viele Deutsche sind die USA, das „Land der unbegrenzten Möglichkeiten“, oder Australien, das „lucky country“, die Traumländer Nummer eins, in denen Milch und Honig fließt. Die USA meinen wir aus Fernsehserien und Hollywoodfilmen zu kennen und über Australien wissen wir immerhin, dass es dort meistens schön warm ist und viele Kängurus herumspringen. Doch was wissen wir wirklich über das Leben in diesen Ländern? Hand aufs Herz: Wissen Sie zum Beispiel, welche Staatsform Australien hat? (Antwort: parlamentarische Monarchie im Commonwealth seit 1901). Und was genau wissen Sie über das amerikanische Gesundheitssystem, außer dass es ziemlich schlecht ist?

Wenn Sie ein bestimmtes Land im Auge haben, in das Sie auswandern wollen, so sollten Sie darüber so viele Informationen wie möglich sammeln. Ideal ist es, wenn Sie erst einmal eine Urlaubsreise dorthin unternehmen, um zu sehen, wie es dort wirklich aussieht. Das ist im Falle von Australien, Neuseeland, Südafrika oder Südamerika zwar nicht ganz billig, lohnt sich aber spätestens dann, wenn Sie feststellen, dass Sie mit dem oft sehr heißen australischen Klima nicht zurechtkommen. Konzentrieren Sie sich bei einer solchen Urlaubsreise jedoch nicht allein auf die Sehenswürdigkeiten (sollten Sie wirklich auswandern, haben Sie später noch genug Zeit, sie zu besuchen), sondern vor allem auf das Leben in Ihrem Traumland. Lesen Sie die Tageszeitungen, sofern es Ihre Sprachkenntnisse zulassen:

- Was spielt sich politisch in diesem Land ab?
- Welche wirtschaftlichen Probleme gibt es, von denen wir in Deutschland vielleicht gar nichts mitbekommen?

Auch Inserate sind sehr aufschlussreich:

- Was sagen die Stellenanzeigen aus?
- Welche Berufe werden gesucht?
- Welche Qualifikationen muss man dafür mitbringen?
- Wie hoch sind die Mieten?
- Was kostet ein Eigenheim?

Eine ausführliche Zeitungslektüre bietet einen guten Überblick über das Alltagsleben in Ihrer eventuellen neuen Heimat.

Auch die Supermärkte sollten Sie nicht außen vor lassen:

- Welche Waren gibt es?
- Wie teuer sind Lebensmittel und Gebrauchsgegenstände?

Vielleicht können Sie auch einmal einen Blick in eine Schule oder einen Kindergarten werfen – je mehr Sie vom Alltagsleben in Ihrer Wunschheimat erfahren, umso besser für Sie!

Haben Sie dann erst einmal wieder deutschen Boden unter den Füßen, so werden Sie schon ein ganzes Stück weitergekommen sein.

Sie haben einiges über das Leben in Ihrer möglichen neuen Heimat erfahren, das Klima am eigenen Leib erlebt und einen ersten Blick hinter die Kulissen von Sehenswürdigkeiten und Touristenzentren geworfen. Vielleicht müssen Sie nun feststellen, dass Ihr vermeintliches Traumland nicht ganz so traumhaft ist, wie Sie es sich vorgestellt hatten. Vielleicht hat Sie aber dieser erste Eindruck auch in Ihrem Vorhaben bestärkt und Sie können sich ein Leben in diesem Land ernsthaft vorstellen. Doch auch dann sollten Sie noch weitere Informationen sammeln. Verfolgen Sie das aktuelle politische und wirtschaftliche Geschehen in Ihrem Zielland. Reichen unsere deutschen *Tageszeitungen* dafür nicht aus, so können Sie im *Internet* auf die Suche gehen. So gut wie jede große Tageszeitung aus dem In- und Ausland hat mittlerweile ihre eigene Website und ist so für Menschen in aller Welt zugänglich. Mit ein paar Mausklicks können Sie sich also über das aktuelle Geschehen in Brasilien oder Südafrika informieren. Auch die Homepages der jeweiligen Botschaften bieten eine Fülle von Informationen und Links zu den verschiedenen Ländern, oft können Sie dort auch Broschüren bestellen, die sich mit verschiedenen Aspekten des Landes befassen.

Schließlich werden Sie auch in *Bibliotheken* und im *Buchhandel* fündig werden: Neben Büchern zu bestimmten historischen Epochen oder politischen Gegebenheiten finden Sie dort auch Bildbände oder Kochbücher zu den unterschiedlichsten Ländern, so dass Sie in Wort und Bild einen umfassenden Eindruck von Ihrem Zielland gewinnen. Zu den beliebtesten Auswanderungsländern gibt es auch spezielle Ratgeber, die ausführlich über das Alltagsleben in diesen Ländern, die Einwanderungsbestimmungen sowie über den Ablauf des Einwanderungsverfahrens informieren.

Besonders konzentrieren sollten Sie sich bei Ihrer Informationsbeschaffung auf Dinge wie die aktuelle *Wirtschaftslage*, den *Arbeits-*

markt , die *Sozial- und Gesundheitspolitik* sowie alle anderen Aspekte, die Ihr zukünftiges Leben in diesem Land betreffen.

Kulturell interessierte Auswanderer haben noch eine ganz andere Möglichkeit, sich über die Gegebenheiten in ihrer Wunschheimat zu informieren. Lesen Sie statt des neuen Harry Potter doch lieber einmal einen Roman aus Australien, aus Brasilien oder Südafrika. Oder richten Sie Ihr Augenmerk auf Filme aus diesen Ländern, auch wenn sie oft im Hollywood-Einheitsbrei der Multiplexe untergehen. Über *Literatur* und *Filme* können Sie eine ganze Menge über den Alltag in einem bestimmten Land in Erfahrung bringen – lassen Sie diese Gelegenheit nicht ungenutzt. Und noch einen weiteren Vorteil bringt Ihnen diese Beschäftigung mit der Kultur Ihres Ziellandes: Wenn Sie die Romane in der Originalfassung lesen (unter *http://www.amazon.de* kann man Bücher in mehreren Sprachen bestellen) oder einen Film im Original mit oder ohne Untertitel anschauen, trainieren Sie dabei gleichzeitig Ihre Sprachkenntnisse und das wird Ihnen im Fall einer späteren Auswanderung ganz bestimmt nützen!

Sie sehen also, Informationen über ein bestimmtes Land kann man ganz leicht sammeln, muss allerdings auch ein wenig Zeit investieren. Gehen Sie mit Adleraugen durch die Welt, saugen Sie alles auf, was auch nur irgendwie mit der möglichen neuen Heimat zu tun hat. Das kann ein neuer Stern am lateinamerikanischen Pophimmel sein oder aber auch ein fundierter Beitrag im „Spiegel“ oder „Stern“. Legen Sie sich einen dicken, fetten Ordner an, in dem Sie all diese Schnipsel, Zeitungsausschnitte, Notizen, Broschüren und Ähnliches sammeln. Vieles, hoffentlich sogar das meiste davon wird Ihnen gefallen, anderes wird Ihnen vielleicht weniger zusagen.

Haben Sie erst einmal einen umfassenden Eindruck vom Leben in Ihrem Traumland gewonnen, so sind Sie schon einen ganzen Schritt weiter auf dem Weg von der Illusion zur Information. Sie werden nun

Für und Wider eines Neustarts in diesem Land gegeneinander abwägen und ernsthaft beurteilen können, ob Sie wirklich dorthin auswandern wollen. Falls Sie sich diese Frage mit ja beantworten, ist es nun an der Zeit, das Projekt „Auswandern" langsam, aber sicher in die Tat umzusetzen.

Beratung und Hilfestellung

Beim Sammeln von Informationen über ein bestimmtes Land sind Sie keineswegs ganz auf sich allein gestellt, eine Vielzahl von Institutionen und Beratungsstellen bieten Ihnen dabei Unterstützung – zum Beispiel mit speziellen Broschüren oder mit persönlichen Beratungsgesprächen.

Raphaels-Werk

Das Raphaels-Werk gehört zum Deutschen Caritasverband und berät seit über 130 Jahren Menschen, die Deutschland vorübergehend oder auf Dauer verlassen wollen. 21 Beratungsstellen erteilen Auskünfte über das jeweilige Zielland und informieren in persönlichen Gesprächen über Chancen und Risiken einer Auswanderung. Ein einstündiges Beratungsgespräch kostet derzeit 25,- Euro. Nähere Informationen bieten die Website *http://www.raphaels-werk.de* sowie einzelne Beratungsstellen, deren Adressen Sie im Anhang dieses Buches finden (Seite 190 ff.).

Botschaften

Die detailliertesten und aktuellsten Auskünfte über die politische, wirtschaftliche und rechtliche Situation in einem Land sowie über die gegenwärtigen Visums- und Einwanderungsbestimmungen erteilt die jeweilige Botschaft. Sie können Broschüren entweder dort anfordern oder sie sich als PDF-Datei aus dem Internet herunterladen. Die Adressen der Botschaften der beliebtesten Auswanderungsländer finden Sie unter den jeweiligen Ländern ab Seite 106.

Bundesverwaltungsamt

Das Bundesverwaltungsamt in Köln informiert in Merkblättern zu 130 Staaten kurz und knapp über die sozialen, rechtlichen und wirtschaftlichen Verhältnisse sowie über die Einwanderungsbestimmungen. Die Blätter sind unter folgender Adresse erhältlich:

Bundesverwaltungsamt
Informationsstelle für Auswanderer und Auslandstätige
Barbarastraße 1
50728 Köln
Tel.: 02 21/75 80
Fax: 02 21/7 58 27 68
E-Mail: *bva.eures@netcologne.de*
Internet: *http://www.bva.bund.de*

EURES-Filialen der Arbeitsämter

In einigen Arbeitsämtern wurden so genannte EURES-Berater (EURES = **Eur**opean **E**mployment **S**ervices) eingestellt, die in persönlichen Beratungsgesprächen Auskunft über Beschäftigungsmöglichkeiten im europäischen Ausland erteilen. An welchen Arbeitsämtern sie zu finden sind, erfahren Sie im Internet unter *http://www.arbeitsamt.de*. Außerdem erhalten Sie in den Berufsinformationszentren (BIZ) der Arbeitsämter blaue „Europa-Mappen" für alle Mitgliedsländer der Europäischen Union. Sie informieren über Bildungswesen, Arbeitswelt, soziale Gesichtspunkte und Beratungsdienste des jeweiligen Landes.

Einwanderungsagenten

In einigen beliebten Einwanderungsländern, wie zum Beispiel in den USA und in Australien, gibt es so genannte Einwanderungsagenten – auf Einwanderungsrecht spezialisierte Anwälte, die Ihre Chancen realistisch beurteilen können, bei der Antragstellung behilflich sind und Einwanderungswillige – falls nötig – auch vor Gericht vertreten. Wenn Sie einen solchen Berater beauftragen, haben Sie den Vorteil, stets über die aktuellsten Bestimmungen informiert zu werden und einen kompetenten Ansprechpartner zu haben, falls Probleme beim Ausfüllen der verschiedenen Formulare auftauchen oder Sie sonst einmal nicht weiterwissen.

Achtung! Natürlich gibt es hier viele schwarze Schafe, die die Sehnsucht der Menschen nach einem besseren Leben ausnutzen und viel Geld für nichts kassieren. Bevor Sie die Dienste eines solchen Agenten in Anspruch nehmen, sollten Sie sich bei der zuständigen Botschaft erkundigen, ob es eine Liste anerkannter Einwanderungsagenten gibt. Ansonsten sollten Sie auf jeden Fall die Qualifikationen des Agenten genau unter die Lupe nehmen – in guten Händen sind Sie zum Beispiel bei einem Rechtsanwalt, der sich auf Einwanderungsrecht spezialisiert hat – und keine ungewöhnlich hohen Geldforderungen akzeptieren. Als ungefährer Maßstab kann dabei ein Betrag von rund 1.000,- Euro dienen, jedoch hängt das genaue Honorar des Einwanderungsagenten vom individuellen Aufwand ab. Ein seriöser Agent wird in einem ersten Vorgespräch abklären, wie realistisch Ihre Chancen, eine Einwanderungsgenehmigung zu erhalten, überhaupt sind. Erst dann wird er einen detaillierten Kostenplan aufstellen und mit Ihrer Einwilligung konkrete Schritte unternehmen.

Checkliste: Information statt Illusion

- Urlaubsreise in die Wunschheimat unternehmen
- Ordner für Informationsmaterial anlegen
- Informationen sammeln
- Botschaften anschreiben und um Informationen zur Einwanderung bitten
- Auswanderungsberatungsstelle aufsuchen
- Material durcharbeiten
- Chancen prüfen
- Zeitplan aufstellen

Persönliche Voraussetzungen

Ebenso wichtig wie sich gründlich über das Zielland zu informieren ist die Überprüfung der eigenen Voraussetzungen, um zu erkennen, ob sich der erhebliche zeitliche und finanzielle Aufwand für das Stellen eines Einwanderungsantrags überhaupt lohnt. Die Einwanderungskriterien sind von Land zu Land unterschiedlich, doch generell gefordert werden ein einwandfreier Leumund sowie ein guter Gesundheitszustand. Auch Ihre Sprachkenntnisse und Ihre berufliche Qualifikation sollten Sie genau unter die Lupe nehmen. Welche Voraussetzungen Sie mitbringen sollten, damit Ihr Vorhaben von Erfolg gekrönt wird, verrät Ihnen dieses Kapitel.

Erfüllung der Einwanderungskriterien

Diese Kriterien ändern sich ständig, je nachdem, welche Leute in einem bestimmten Land gerade gebraucht werden und wie viele Neubürger ein Land verkraften zu können meint. Abhängig von der aktuellen wirtschaftlichen und politischen Situation können die Einwanderungsbestimmungen mal streng, mal weniger streng sein – prüfen Sie daher, ob Ihnen auch wirklich die aktuellsten Informationen vorliegen, bevor Sie Ihren Antrag einreichen. Die Behörden sind hier wirklich rigoros – wer die Einwanderungskriterien nicht erfüllt, sollte gar nicht erst auf das Mitleid der zuständigen Beamten hoffen, sondern kann sich seinen Antrag eigentlich gleich sparen.

Einige Länder, so etwa Australien, Neuseeland und Kanada, wählen ihre Neubürger anhand eines Punktesystems aus. Wer dorthin einwandern möchte, muss eine Mindestpunkteanzahl erreichen, in die verschiedene Faktoren einfließen. Je eine bestimmte Anzahl von Punkten gibt es zum Beispiel für Alter

- Alter
- Familienstand
- Sprachkenntnisse
- berufliche Qualifikation
- verwandtschaftliche Beziehungen im Zielland
- frühere Aufenthalte im Land, etwa im Rahmen des Studiums

Wer die geforderten Mindestpunkte nicht erreicht, kann das Einwandern erst einmal vergessen.

Erst einmal – denn diese Punkteanzahl kann sich ändern. Meist legen diese Länder nämlich jedes Jahr aufs Neue fest, wie viele Einwanderer sie aufnehmen. An dieser Zahl wiederum orientiert sich die erforderliche Mindestpunktezahl. So kann es passieren, dass ein Land in einem Jahr besonders streng ist und Sie die nötige Punktezahl nicht erreichen. Möglicherweise ist es im nächsten Jahr noch strenger, aber vielleicht lockert es die Bestimmungen auch etwas und setzt die Mindestpunktezahl niedriger an. Geben Sie also nicht gleich auf, vielleicht können Sie es ja zu einem späteren Zeitpunkt noch einmal versuchen?

Polizeiliches Führungszeugnis

Ja, ja – es ist schon ein wenig kurios: Vor 200 Jahren musste man noch eine kriminelle Vergangenheit mitbringen, um nach Australien zu gelangen – schließlich waren die ersten Siedler auf dem fünften Kontinent Sträflinge, die aus den überfüllten britischen Gefängnissen „ausgelagert" wurden. Heute sieht die Sache ganz anders aus: Australien legt wie die meisten anderen Einwanderungsländer großen Wert auf einen tadellosen Leumund.

Besonders streng sind die Bestimmungen in den USA, die Terroranschläge vom 11. September 2001 haben ihr Übriges dazu getan, dass der Hintergrund potenzieller neuer Staatsbürger ganz genau überprüft wird. Sie müssen noch nicht einmal Kontakt zu einer terroristischen Organisation haben, damit man Ihnen die Einreise in das Land der unbegrenzten Möglichkeiten verweigert, es reicht schon, wenn Sie ein Verbrechen begangen haben, das gegen das sittliche Empfinden oder gegen das Betäubungsmittelgesetz verstößt, wenn Sie mit Delikten der Zuhälterei oder Prostitution in Verbindung stehen oder gar ein NS-Kriegsverbrecher waren.

Um kriminelle Elemente von vornherein fern zu halten, verlangen viele Länder gleich zusammen mit dem Einwanderungsantrag ein polizeiliches Führungszeugnis. Sollte sich darin nur eine kleine Verfehlung finden – etwa ein Joint, mit dem Sie während Ihrer Studienzeit ertappt wurden –, so sollten Sie bei einer Beratungsstelle oder dem zuständigen Konsularbeamten nachfragen, inwiefern dies Ihre Chancen beeinträchtigt. Mit Schwierigkeiten rechnen müssen Sie aber auf jeden Fall. Ziert eine Vorstrafe oder gar ein Gefängnisaufenthalt Ihre Vita, so müssen Sie sich eine Auswanderung leider abschminken.

Denken Sie auch nicht, dass Sie kleine Flecken auf Ihrer ansonsten blütenweißen Weste einfach vertuschen können, wenn kein Führungszeugnis verlangt wird. Die USA etwa behalten sich vor, die gespeicherten Daten eines potenziellen Neubürgers zu kontrollieren – eine Lüge oder ein Unter-den-Tisch-fallen-Lassen wird dabei unweigerlich ans Licht kommen.

Und wo bekommen Sie nun ein polizeiliches Führungszeugnis? Bei Ihrer Stadt- oder Gemeindeverwaltung. Sie müssen dazu persönlich vorsprechen, Ihren Pass oder Personalausweis vorlegen und eine geringe Gebühr entrichten. Und noch etwas: Das Führungszeugnis wird natürlich in deutscher Sprache ausgestellt, in der Regel werden Sie davon also eine beglaubigte Übersetzung anfertigen lassen müssen – die leider auch nicht immer billig ist.

Gesundheitszeugnis und Impfungen

Nicht nur kriminelle Elemente sind in den meisten Ländern unerwünscht, auch Menschen, die gefährliche Krankheiten verbreiten können oder kurz nach der Einwanderung pflegebedürftig werden und somit ihrer neuen Heimat auf der Tasche liegen, sind leider nicht gern gesehen, auch wenn dies ziemlich unmenschlich erscheint. So verweigern zum Beispiel die USA Personen, die an bestimmten ansteckenden Krankheiten wie Aids oder Tuberkulose oder unter gefährlichen körperlichen oder seelischen Störungen leiden, ein Dauervisum. Vielfach ist daher dem Einwanderungsantrag ein Gesundheitszeugnis beizulegen, das Ihnen Ihr Hausarzt oder das Gesundheitsamt ausstellt. Ist Ihr Arzt nicht in der Lage, das Zeugnis in der Landessprache Ihrer potenziellen neuen Heimat abzufassen, werden Sie auch hier um eine beglaubigte Übersetzung nicht herumkommen.

Manche Länder, wie die USA, haben auch spezielle Konsularärzte, die die nötigen Untersuchungen durchführen. Gesundheitszeugnisse von anderen Ärzten werden dann nicht akzeptiert.

Erkundigen Sie sich außerdem, ob in Ihrer neuen Heimat bestimmte Impfungen vorgeschrieben sind, und lassen Sie sie rechtzeitig durchführen.

Sprachkenntnisse

Nur in den seltensten Fällen werden Sie in einem Land leben wollen, dessen Sprache Sie überhaupt nicht verstehen, von Beherrschen einmal ganz zu schweigen. Wenn Sie einen Einwanderungsantrag stellen wollen, so sollten Ihre Sprachkenntnisse zumindest so gut sein, dass Sie die entsprechenden Broschüren und Formulare in der Landessprache lesen bzw. ausfüllen können. In Ländern, die mit einem Punkteverfahren arbeiten, wie etwa Australien, Neuseeland oder Kanada, bekommen Sie umso mehr Punkte, je besser Ihre Sprachkenntnisse sind. Diese Kenntnisse müssen Sie dann allerdings auch nachweisen. Wie Sie das tun, steht in den jeweiligen Einwanderungsbestimmungen. So gibt es zum Beispiel standardisierte Englischtests, mittels derer die Behörden Ihre Englischkenntnisse einstufen können. Für die USA und Kanada wird in der Regel der so genannte TOEFL-Test (Test of English as a Foreign Language) verlangt, für Australien, Neuseeland und Großbritannien der so genannte IELTS-Test (International English Language Testing System), der vom British Council durchgeführt wird. Nähere Informationen dazu finden Sie unter *http://www.toefl.org* bzw. *http://www.britishcouncil.de* (IELTS).

Den Einwanderungsländern liegt natürlich viel daran, dass potenzielle Neubürger die Landessprache möglichst gut beherrschen, denn schließlich finden sie dann schneller einen Job (und zahlen Steuern) und gliedern sich in die Gesellschaft ein. So haben verschiedene Länder denn auch ihre ureigenen Methoden gefunden, um sicher zu gehen, dass Einwanderer sich ernsthaft um das Erlernen der Sprache bemühen. Neuseeland etwa brummt Neubürgern, die noch sprachliche Defizite haben, saftige Gebühren auf. Nur wer innerhalb eines bestimmten Zeitraums nach der Einwanderung Sprachkurse besucht, erhält dieses Geld zurück.

Auch wenn im Land Ihrer Träume kein standardisierter Test zum Nachweis von Sprachkenntnissen verlangt wird, sollten Sie sie gründlich unter die Lupe nehmen. Mit lediglich ein wenig Schulenglisch oder Volkshochschul-Spanisch werden Sie vermutlich Schwierigkeiten bekommen, denn gerade in der ersten Zeit in der neuen Heimat steht eine Vielzahl von Behördengängen und Ähnlichem auf dem Programm. Wenn Sie hier jedes Mal einen Dolmetscher in Anspruch nehmen müssen, kann das auf Dauer ganz schön ins Geld gehen. Und natürlich steigen auch die Chancen auf einen höher qualifizierten Job mit den Sprachkenntnissen, die Sie mitbringen.

Training vor dem Auswandern

Tun Sie in der Zeit vor der Auswanderung daher alles, um Ihre Sprachkenntnisse auf Vordermann zu bringen:

- Belegen Sie Intensivkurse an Sprachschulen
- Lesen Sie Bücher oder Zeitungen (auch im Internet) in der Landessprache
- Schauen Sie sich Filme in der Originalfassung an
- Suchen Sie den Kontakt zu Muttersprachlern, sooft es geht
- Stellen Sie das Sprachwahlmenü Ihres DVD-Players auf Englisch oder Spanisch um

Natürlich lernt man eine Fremdsprache am besten vor Ort, wenn man sie 24 Stunden am Tag hört, doch sollten Sie trotzdem so früh wie möglich mit der Auffrischung bzw. Intensivierung Ihrer Sprachkenntnisse beginnen, damit Sie nicht die ersten Wochen und Monate in der neuen Heimat mit Sprachkursen verplempern müssen, sondern sich sofort auf die Suche nach einem Job machen können.

Bedenken Sie bei Ihren Sprachübungen nicht nur die Alltagssituationen, sondern behalten Sie auch Ihren Beruf im Auge. Nicht selten müssen Sie sich zusätzlich zur allgemeinen Sprachpraxis noch ein bestimmtes Fachvokabular aneignen, um Ihren Beruf im Ausland ausüben zu können.

Berufliche Qualifikation

Wer jahrelang arbeitslos war, keinerlei Ausbildung oder Qualifikation hat und argumentiert, man habe ihm in Deutschland einfach keine Chance gegeben, wird diese Chance im Ausland leider ebenfalls nicht bekommen. Das ist auch durchaus nachvollziehbar, denn schließlich werden Einwanderer nicht aus reiner Nächstenliebe aufgenommen, sondern weil sich das jeweilige Land einen Vorteil von den Neubürgern erhofft. Sie sollen einen produktiven Beitrag zur Gesellschaft leisten, und das tut jemand nicht, der wegen mangelnder Qualifikation keine Arbeit findet und seinem neuen Heimatland erst einmal nur auf der Tasche liegt. Ganz deutlich drückt es die Einwanderungsbehörde von Südafrika aus, die betont, dass Ungelernte oder nur angelernte Antragsteller keinerlei Aussichten auf eine Daueraufenthaltsgenehmigung haben – noch nicht einmal, wenn sie ein konkretes Arbeitsangebot einer südafrikanischen Firma vorlegen können.

Wie sieht er also aus, der ideale Einwanderer? Grundsätzlich gilt: Je höher die Qualifikation, desto besser sind die Chancen auf eine Aufenthalts- und eine Arbeitsgenehmigung. Darüber hinaus sollten Sie über zwei bis drei Jahre Berufserfahrung sowie über ausreichende Fremdsprachenkenntnisse verfügen. In Ländern wie Australien oder Neuseeland wird es außerdem von den Einwanderungsbehörden gern gesehen, wenn Sie dort schon ein oder zwei Semester studiert haben.

Manche Länder, darunter Australien, listen besonders gesuchte Berufe auf, bei denen im eigenen Land qualifizierte Kräfte Mangelware sind. Allerdings sind das in der Regel gerade keine akademischen Berufe, sondern Jobs wie Koch, Konditor, Krankenpfleger oder Handwerker. Wenn Ihr Beruf auf dieser Liste erscheint, haben Sie schon einmal einen entscheidenden Vorteil bei Ihrem Einwanderungsantrag.

Manche Länder, unter ihnen auch wieder Australien, veröffentlichen eine Liste mit dort anerkannten Berufen (Skilled Occupations List). Ist Ihrer darunter, müssen Sie nachweisen, dass Sie ihn auch tatsächlich ausüben oder zumindest dafür qualifiziert sind. Es gibt spezielle Gutachter, die diese Aufgabe übernehmen. Sie können sich vorstellen, dass Sie einiges an Zeit und Geld aufwenden müssen, bis Sie den ersehnten Nachweis in Händen halten.

Auch etwas Berufserfahrung wirkt sich positiv aus. Berufsanfänger, die noch kaum Qualifikationen nachweisen können, haben dagegen schlechtere Chancen – Sie kennen das ja: Wenn Sie sich hier auf eine Stellenanzeige bewerben, ist das leider auch nicht viel anders.

Achtung! Überprüfen Sie auf jeden Fall, ob Ihre Ausbildung im Ausland auch anerkannt wird. So braucht man zum Beispiel in etlichen Ländern ein Studium, um als Krankenschwester arbeiten zu dürfen.

Finanzielle Rücklagen

Neben all diesen Dingen, die selbst schon mit erheblichen Kosten verbunden sein können, und neben der ebenfalls nicht gerade geringen Bearbeitungsgebühr für den Einwanderungsantrag kommt nach Erhalt der ersehnten Einwanderungserlaubnis eine Reihe weiterer Kosten auf Sie zu:

Erst einmal müssen Sie einen Umzug ins Ausland organisieren. Je weiter weg Sie ziehen, desto teurer wird das natürlich. Oder vielleicht beschließen Sie auch, Ihr Gepäck so gering wie möglich zu halten und nur das Allernötigste mitzunehmen? Dann wird in der neuen Heimat eine Fülle von Neuanschaffungen anstehen: Möbel, Auto, vielleicht auch neue Elektrogeräte, weil die alten nicht kompatibel sind. Und vermutlich werden Sie auch nicht vom ersten Tag an einen Job und damit ein festes Gehalt haben. Vielleicht müssen Sie außerdem eine Kaution für die Wohnung, eine Ablöse für die Küche und so weiter und so fort bezahlen. Sie sehen schon, worauf ich hinaus will: Auswandern ist nicht billig. Sie brauchen also unbedingt ein nicht zu schmales finanzielles Polster, mit dem Sie den Umzug bezahlen und die ersten Wochen oder Monate in der neuen Heimat überbrücken können, bis dann endlich Ihr erstes Gehalt auf Ihrem Konto landet. Genaue Empfehlungen bezüglich der Höhe der Rücklagen lassen sich nur schwer geben. Kalkulieren Sie Ihr Vorhaben sorgfältig, erkundigen Sie sich rechtzeitig wegen aller anfallenden Gebühren, holen Sie Angebote von Speditionen und Umzugsfirmen ein und informieren Sie sich über Mieten und Lebenshaltungskosten im Zielland.

Und dann fehlt nur noch der berühmte Faktor „X“ – jene kleinen unkalkulierbaren Risiken und Missgeschicke, mit denen man überhaupt nicht gerechnet hat, die aber ein großes Loch in jedes Portemonnaie reißen können. Setzen Sie Ihr Budget also lieber zu hoch an als zu niedrig – an Gelegenheiten, Geld auszugeben, hat es ja noch niemandem gefehlt!

Checkliste: Persönliche Voraussetzungen

- Erfülle ich alle Einwanderungskriterien meiner Wunschheimat?
- Bei Ländern mit Punktesystem: Erreiche ich die geforderte Mindestpunktezahl?

- Brauche ich ein polizeiliches Führungszeugnis?
- Habe ich eine blütenweiße Weste?
- Brauche ich ein Gesundheitszeugnis?
- Leide ich an Krankheiten oder an anderen Störungen, die eine Einwanderung unmöglich machen könnten?
- Beherrsche ich die Landessprache gut genug, um im Alltag und im Berufsleben zurechtzukommen?
- Habe ich ausreichende berufliche Qualifikationen?
- Habe ich schon etwas Berufserfahrung oder Auslandserfahrung gesammelt?
- Wird mein Beruf im Zielland vielleicht sogar besonders gesucht?
- Wird meine Ausbildung im Zielland auch anerkannt?
- Verfüge ich über ausreichend finanzielle Rücklagen, um den Umzug zu organisieren und um die ersten Wochen oder Monate in der neuen Heimat zu überbrücken?

Der Einwanderungsantrag

Sie sind also der Meinung, Sie hätten gute Chancen, eine unbegrenzte Aufenthalts- und Arbeitsgenehmigung für Ihr Traumland zu ergattern? Dann dürfen Sie sich an die Arbeit machen und den Einwanderungsantrag stellen. Seine Bearbeitung dauert oft einige Zeit und ist nicht ganz billig. Nähere Einzelheiten dazu erfahren Sie in diesem Kapitel.

Einwanderungsbestimmungen

Eine Einwanderungsgenehmigung beinhaltet in der Regel eine unbegrenzte Aufenthalts- und Arbeitserlaubnis, außer in den EU-Ländern, für die Sie als EU-Bürger keine Arbeitserlaubnis mehr brauchen. In vielen Ländern gibt es jedoch auch zeitlich begrenzte Visa, die entweder für einen bestimmten Zeitraum ausgestellt werden oder an einen bestimmten Job gebunden sind. Da die Bestimmungen hier jedoch höchst unterschiedlich und kompliziert sind, können sie in diesem Buch leider nicht behandelt werden. Nähere Informationen erhalten Sie bei der Botschaft Ihres Ziellandes.

Aufenthalts- und Arbeitsgenehmigungen

Was Sie tun müssen, um zu einer unbegrenzten Aufenthalts- und Arbeitsgenehmigung zu kommen, steht in den Einwanderungsbestimmungen Ihrer Wunschheimat. Wie bereits im vorhergehenden Kapitel gesagt, ändern sich diese ständig. Wie viele Neubürger ein Land aufnimmt, hängt von seiner gegenwärtigen politischen und wirtschaftlichen Lage ab – in schwierigen Zeiten wird die Zahl schon einmal stark reduziert, so dass nur die Besten der besten Kandidaten eine Chance haben. Auch aktuelle Ereignisse haben natürlich einen Einfluss auf die Einwanderungsbestimmungen der einzelnen Länder. In den USA wurden sie zum Beispiel nach den Terroranschlägen vom 11. September 2001 um ein Vielfaches verschärft. Potenzielle Neuamerikaner müssen nun umfangreiche Recherchen über ihren politischen und religiösen Hintergrund über sich ergehen lassen – was das Antragsverfahren natürlich nicht gerade beschleunigt oder billiger macht.

In der Regel wird sich ein Einwanderungsverfahren sowieso über mehrere Monate, wenn nicht sogar Jahre hinziehen, von der ersten Informationssammlung über die neue Heimat an gerechnet. Wenn Sie in Ihrem anfänglichen Enthusiasmus gleich das nötige Informationsmaterial und die dazugehörigen Formulare bei der Botschaft anfordern, so überprüfen Sie deren Aktualität, wenn Sie Ihren Antrag dann endgültig einreichen. Es wäre doch zu schade, wenn sich inzwischen die Bestimmungen so sehr geändert hätten, dass alle Mühe vergebens gewesen wäre oder wenn Ihr Antrag wegen eines bloßen Formfehlers abgelehnt würde. Umgekehrt kann es natürlich auch sein, dass Ihre anfängliche Begeisterung vielleicht sofort einen Dämpfer erhält, weil Sie merken, dass Sie die Einwanderungsbestimmungen für Kanada oder Australien einfach nicht erfüllen können. Auch das kann aber in einem Jahr schon wieder anders aussehen. Ist es Ihnen also wirklich ernst mit Ihrem Vorhaben, so sollten Sie nicht so schnell die Flinte ins Korn werfen, sondern die Einwanderungskriterien Ihres Traumlandes über längere Zeit hinweg beobachten.

USA: die Green-Card-Lotterie

In den USA gibt es ein weltweit einzigartiges Verfahren, um zu einer unbefristeten Aufenthalts- und Arbeitsgenehmigung, der so genannten Green Card, zu kommen: das Diversity Immigrant Visa Program, im Volksmund als Green-Card-Lotterie bekannt. Dabei werden jedes Jahr 50.000 Einwanderungsvisa an Interessenten aus aller Welt verlost, die sich vorher für dieses Programm bewerben müssen. Die formalen Kriterien wie auch der Bewerbungszeitraum ändern sich ständig. Im Jahr 2003 mussten Bewerbungen zum Beispiel zwischen 1. November und 30. Dezember eingehen, doch lag der Bewerbungszeitraum in den Jahren davor auch schon im März oder April. Achten Sie also unbedingt darauf, dass Ihnen stets die aktuellste Version der Bewerbungskriterien vorliegt, und fragen Sie am besten bei der amerikanischen Botschaft nach.

Allerdings gehen diese Visa nicht etwa an Hinz und Kunz, sondern auch hier müssen Sie einige Voraussetzungen erfüllen. Zunächst einmal verteilt die amerikanische Regierung die Visa an sechs Regionen (Afrika, Asien, Europa, Nordamerika, Ozeanien sowie Südamerika, Mittelamerika und Karibik), ein einzelnes Land kann dabei höchstens 3.850 Visa erhalten. Länder, aus denen in den letzten fünf Jahren sehr viele Menschen in die USA eingewandert sind, sind von dem Verfahren allerdings ausgeschlossen. Dazu zählen momentan China und Mexiko, aber auch Großbritannien und abhängige Gebiete (mit Ausnahme von Nordirland). Beachten Sie, dass hier das Geburtsland ausschlaggebend ist, nicht Ihre Staatsangehörigkeit. Wenn Sie also in London geboren wurden, aber schon seit Jahren in Deutschland leben und auch die deutsche Staatsangehörigkeit besitzen, so dürfen Sie leider trotzdem nicht an der Green-Card-Lotterie teilnehmen.

Außerdem müssen Sie entweder die Fachhochschulreife besitzen, eine zwölfjährige Schulausbildung genossen haben oder Sie müssen innerhalb der letzten fünf Jahre zwei Jahre Erfahrung in einem Beruf gesammelt haben, für den man eine zweijährige Ausbildung benötigt.

Seit dem Jahr 2003 (Diversity Immigrant Visa Program 2004) müssen Bewerber ein elektronisches Formular auf einer für den Bewerbungsvorgang eigens eingerichteten Website ausfüllen. Papieranträge werden jetzt nicht mehr akzeptiert. Für den Antrag sind die folgenden Angaben nötig:

- Ihr vollständiger Name (Nachname, Vornamen)
- Geburtsdatum (Tag, Monat, Jahr)
- Geschlecht
- Geburtsort
- Geburtsland
- Foto des Antragstellers:
- Das Foto (wie auch die Fotos von Ehepartner und Kindern, siehe weiter unten) muss im JPEG-Format und entweder in Farbe oder im Graustufenmodus vorliegen. Digitale Fotos müssen eine Auflösung von 320 Pixel Breite x 240 Pixel Höhe haben und eine Farbtiefe von entweder 24 Bit oder 8 Bit im Farbmodus oder 8 Bit im Graustufenmodus. Wird ein Foto eingescannt, so muss der Abzug 50 x 50 Millimeter groß sein. Es muss mit einer Auflösung von 150 dpi mit einer Farbtiefe von entweder 24 Bit oder 8 Bit im Farbmodus oder 8 Bit im Graustufenmodus eingescannt werden. Außerdem dürfen die Bilder nicht größer als 62.500 Bytes sein. Blicken Sie direkt in die Kamera und halten Sie den Kopf gerade. Der Hintergrund des Bildes muss neutral und hell sein, außerdem muss das Gesicht scharf sein und darf nicht von Sonnenbrillen oder Ähnlichem verdeckt werden.
- ......

- Postanschrift
- Telefonnummer (freiwillig)
- E-Mail-Adresse (freiwillig)
- Personenstand (ledig oder verheiratet)
- Anzahl der unverheirateten und unter 21 Jahre alten Kinder
- Name, Geschlecht, Geburtsdatum, -ort und -land des Ehepartners sowie sämtlicher unverheirateter und unter 21 Jahre alten Kinder, egal, ob diese mitkommen wollen oder nicht
- Fotos des Ehegatten und der Kinder

Wer meint, er könne seine Chancen erhöhen, indem er gleich mehrere Anträge einreicht, muss sich leider eines Besseren belehren lassen: Teilnehmer, die mehrere Anträge – auch über verschiedene Organisationen und Vermittler – stellen, werden disqualifiziert. Bei Ehepaaren darf sich dagegen jeder Partner bewerben. Gewinnt einer davon, so hat der andere auf Grund der Ehe ebenfalls das Recht auf ein Visum. Auch wer sich schon einmal beworben hat, aber leer ausging, darf im nächsten Jahr sein Glück wieder versuchen.

Achtung! In Zeitungen und Zeitschriften oder im Internet findet man etliche Anzeigen von Organisationen, die bei der Antragstellung behilflich sind. Fall Sie dafür höhere Summen bezahlen müssen, sollten Sie wissen, dass die Teilnahme an der Green-Card-Lotterie an sich kostenlos ist. Auch erhöht die Inanspruchnahme eines solchen Vermittlers Ihre Chancen auf keinen Fall. Da die Antragstellung nicht sehr aufwändig ist, spricht also überhaupt nichts dagegen, sie selbst zu erledigen.

Allerdings kann Ihnen eine seriöse Agentur durchaus etwas nützen. Zum einen sorgt sie dafür, dass Ihr Antrag auch ganz sicher rechtzeitig bei der zuständigen Behörde eintrifft, und hält Sie über alle aktuellen Änderungen auf dem Laufenden. Darüber hinaus hilft sie Ihnen im Erfolgsfall auch beim weiteren Einwanderungsverfahren – dann, wenn's wirklich kompliziert wird.

Sind dann alle Anträge eingegangen, so ermittelt ein Computer in einem Zufallsverfahren die glücklichen Gewinner. Sie werden per Post benachrichtigt und erhalten mit dieser Sendung auch weitere Informationen zur Beantragung eines Visums.

Tipp: Bombardieren Sie bitte nicht die nächstgelegene Botschaft mit Telefonanrufen, um herauszufinden, ob Sie nun zu den Gewinnern gehören oder nicht, denn den Botschaften und Konsulaten sind die Gewinner gar nicht bekannt.

Wer gewonnen hat, der hat jedoch noch lange nicht freie Fahrt ins Land der unbegrenzten Möglichkeiten. Die Gewinner der Green-Card-Lotterie unterliegen den ganz normalen Einwanderungsbestimmungen der USA, das heißt, wenn Sie etwa mehrfach wegen Drogenhandels vorbestraft und gleichzeitig ein Cousin von Osama bin Laden sind, heißt es trotz Ihres Gewinns auch für Sie: „Wir müssen leider draußen bleiben."

Weitere Informationen zur Green-Card-Lotterie erhalten Sie im Internet unter *http://www.usembassy.de* bzw. unter der Telefonnummer 01 90/85 00 58-00 (Bandansage, 24 Stunden, 1,86 Euro/Min.) oder unter Faxabruf 01 90/85 00 58-09 (1,86 Euro/Min.).

Das erhöht Ihre Chancen

Wer die Einwanderungsbestimmungen eines Landes erfüllt, hat schon einmal die besten Voraussetzungen dafür, dass sein Antrag auch genehmigt wird. Es gibt jedoch noch einige Faktoren, die Ihre Chancen zusätzlich erhöhen.

Gut dran ist immer jemand, der Verwandte im Zielland hat – je näher diese Personen mit Ihnen verwandt sind, umso besser ist das natürlich. Die Großcousine Ihrer Mutter, die seit 50 Jahren in Minneapolis lebt und die Sie nur vom Hörensagen kennen, mag zwar tatsächlich irgendwo in Ihrem Familienstammbaum auftauchen, eine Tante oder gar eine Schwester macht sich im Einwanderungsantrag aber schon besser. Wenn Sie darin den Namen eines Verwandten angeben, so informieren Sie ihn unbedingt darüber. Nicht selten muss derjenige nämlich zustimmen, dass er im Falle eines Falles für Sie bürgt. Das heißt, wenn Sie in der ersten Zeit nach Ihrer Einwanderung länger arbeitslos sind oder von Sozialhilfe leben müssen, kann der Staat Ihre Verwandten zur Kasse bitten. In Kanada ist Ihr Bürge sogar zehn Jahre lang für Sie verantwortlich. Auch muss er in der Regel ein gewisses Mindesteinkommen nachweisen, in den USA zum Beispiel muss er für Sie und alle anderen finanziell von ihm abhängigen Angehörigen 125 Prozent mehr an Geld zur Verfügung haben, als durch die Armutsgrenze festgelegt wird. Diese Dinge sollten Sie unbedingt mit eventuellen Verwandten im Zielland abklären, nicht dass diese am Ende dann noch eine unangenehme Überraschung erleben.

Wie im Kapitel „Persönliche Voraussetzungen“ (Seite 123 ff.) bereits erwähnt, erhöhen auch eine gute Schul- bzw. Hochschulbildung sowie ein paar Jahre Berufserfahrung Ihre Chancen auf einen positiven Bescheid. Einige Länder, wie zum Beispiel Australien, setzen zudem voraus, dass man in der Zeit vor der Antragstellung seinen Beruf auch ausgeübt hat; in diesem Fall muss man in den letzten 18 Monaten mindestens zwölf Monate in seinem Beruf gearbeitet haben. Will heißen: Langzeitarbeitslose haben keine Chance.

Gut macht es sich auch, wenn Sie vielleicht schon während der Schul- oder Hochschulzeit einige Zeit im Zielland verbracht haben, etwa im Rahmen eines Highschool-Jahres, als Au pair, als Austauschstudent oder bei einem Auslandspraktikum. Damit zeigen Sie erstens, dass Sie das Zielland nicht nur aus dem Fernsehen kennen, und zweitens, dass Sie schon länger an ihm interessiert sind. Und schließlich sind Sie in Ihrer Wunschheimat schon „bekannt“, denn Sie haben ja bereits einmal dort gelebt und sind während dieser Zeit (hoffentlich) nicht negativ aufgefallen – Sie bringen also schon eine Art Vertrauensvorschuss mit.

Auch das Thema Sprachkenntnisse wurde schon im vorhergehenden Kapitel angesprochen. Je besser Sie die Landessprache bereits beherrschen, umso mehr dürfen Sie hoffen, dass Ihr Einwanderungsvorhaben von Erfolg gekrönt wird. Das ist auch einleuchtend, denn wer eine Sprache fließend spricht, wird schnell einen relativ gut bezahlten Job finden, zahlt Steuern und Abgaben zur Sozialversicherung und leistet daher so schnell wie möglich einen positiven Beitrag zur Entwicklung seiner neuen Heimat. Auch kann sich der Neubürger viel schneller einleben, denn schließlich kann er mit seinen neuen Landsleuten kommunizieren. Wer dagegen kein Wort der Fremdsprache beherrscht, wird erst einmal einige Zeit in Sprachschulen verbringen und sich mit Hilfsarbeiten über Wasser halten müssen – und davon hat ein Staat nun einmal weniger als von einem Neubürger mit guten Sprachkenntnissen. Beginnen Sie daher so früh wie möglich, Ihre Defizite in der Fremdsprache auszugleichen – selbst wenn Ihr Einwanderungsantrag trotzdem abgelehnt wird, haben Sie immerhin eine neue Sprache gelernt, das bringt Ihnen hier im Berufsleben ebenfalls Vorteile.

Schließlich gilt auch für Einwanderungsanträge das übliche Gesetz „Geld regiert die Welt.“ Wenn Sie also rein zufällig reichlich Geld auf

Ihrem Konto haben, so wird man Sie in fast jedem Land der Welt gern aufnehmen. Die Beträge sind natürlich von Land zu Land verschieden: Am günstigsten kommt man derzeit in Paraguay weg - hier genügt schon ein Kapital von 5.000,- US-Dollar. In anderen Ländern sind allerdings sechsstellige Beträge gefragt.

Bearbeitungsdauer

Ist der Antrag erst einmal eingereicht, so sitzen Sie natürlich auf glühenden Kohlen: Dürfen Sie sich auf ein Leben in einem anderen Land freuen? Wann kann's denn endlich losgehen? Schließlich müssen Sie ja auch noch Ihren Job kündigen und einen Nachmieter für Ihre Wohnung finden. Und der Umzug will ebenfalls noch organisiert werden. Wenn da nur nicht all die Freunde und Verwandten wären, die Sie ständig löchern: „Und, hast du schon was gehört? Wie lange dürfen wir uns denn noch an deiner Gesellschaft erfreuen?" Vielleicht sollten Sie also doch mal bei der Botschaft oder der Einwanderungsbehörde anrufen und nachfragen?

Die Bearbeitung von Einwanderungsanträgen kann sich ganz schön in die Länge ziehen, vor allem wenn Sie es gar nicht erwarten können, Deutschland endlich den Rücken zu kehren. Mit mindestens einem halben Jahr müssen Sie auf jeden Fall rechnen, die kanadische Botschaft gibt die Bearbeitungszeit für einen Antrag auf Einwanderung als Skilled Worker (siehe Seite 153) sogar mit 15 Monaten an und auch für Australien ist eine Wartezeit von eineinhalb Jahren ganz normal. Üben Sie sich daher in Geduld und machen Sie nicht den Fehler, wöchentlich bei der zuständigen Behörde nachzufragen. Sie erreichen damit nichts, außer dass Ihre Telefonrechnung gewaltig in die Höhe schießt.

Gehen Sie auch nicht überstürzt vor und kündigen Sie Job und Wohnung am Tag, nachdem Sie den Antrag eingereicht haben – nur für den Fall, dass Sie Deutschland Knall auf Fall verlassen müssen. Ist Ihr Antrag erst einmal genehmigt, so erhalten Sie von der Immigrationsbehörde Ihrer neuen Heimat meistens eine bestimmte Frist, innerhalb derer Sie sich in diesem Land eingefunden haben müssen. Diese Frist beträgt in den USA zum Beispiel sechs Monate – Sie haben also noch Zeit genug, um Job und Wohnung zu kündigen und in Ruhe Ihren Umzug zu organisieren.

Kosten

Ein Einwanderungsantrag kostet nicht nur viel Zeit, sondern geht auch ganz schön ins Geld. Für Dokumente wie Gesundheitszeugnisse oder polizeiliche Führungszeugnisse fallen Gebühren an und häufig müssen sie auch noch übersetzt werden. Selbst wenn Sie die Fremdsprache noch so gut beherrschen, dürfen Sie dies leider nicht selbst machen, sondern müssen einen vereidigten Übersetzer beauftragen (und natürlich auch bezahlen). Unter Umständen müssen Sie auch noch weitere Dokumente wie Hochschul-, Ausbildungs- und Arbeitszeugnisse übersetzen lassen – da läppert sich schnell ein ansehnliches Sümmchen zusammen.

Schließlich langen die Einwanderungsbehörden auch bei den Gebühren für die Antragstellung selbst oft ganz schön hin. Wer ein Einwanderungsvisum für Kanada beantragt, muss derzeit 630,- Euro berappen, Australien verlangt sogar 900,- Euro. Dies ist lediglich die Bearbeitungsgebühr für den Antrag – wird er nicht genehmigt, so haben Sie das Geld leider in den Sand gesetzt. Halten Sie dagegen die heiß ersehnte Erlaubnis zur Einwanderung in den Händen, so müssen

Sie oft noch einmal tief in die Tasche greifen. Je nach Land werden weitere, meistens auch nicht gerade geringe Gebühren für die Ausstellung des Visums fällig.

Checkliste: Aufenthalts- und Arbeitsgenehmigungen

- Liegt mir die aktuellste Version der Einwanderungsbestimmungen vor?
- Erfülle ich die zum Zeitpunkt der Antragstellung geltenden Einwanderungsbestimmungen?
- Habe ich Verwandte im Zielland?
- Sind diese Verwandten bereit, für mich zu bürgen?
- Verfüge ich über eine anerkannte Ausbildung und ein wenig Berufserfahrung?
- Habe ich vielleicht schon einmal längere Zeit im Zielland verbracht?
- Habe ich gute Sprachkenntnisse?
- Bringe ich Kapital mit?
- Habe ich alle nötigen Unterlagen beisammen?
- Brauche ich beglaubigte Übersetzungen bestimmter Dokumente?
- Habe ich genug Geld, um die Gebühren für die Antragstellung zu entrichten?

Der Antrag ist genehmigt!

Ihr Einwanderungsantrag wurde genehmigt, nun kann es also losgehen. Meist teilt Ihnen die Einwanderungsbehörde in ihrer Genehmigung einen bestimmten Termin mit, bis zu dem Sie in Ihrer neuen Heimat eingetroffen sein müssen – sonst verfällt die Genehmigung wieder. In den nächsten Wochen und Monaten kommt einiges an Arbeit auf Sie zu: Sie müssen sich im Zielland Wohnung und Arbeit suchen und den Umzug organisieren. Einige Tipps und Tricks, wie Sie das möglichst stress- und problemfrei bewältigen, verrät Ihnen dieses Kapitel.

Die Haus- oder Wohnungssuche

Sobald Sie sich ernsthaft daranmachen, in Ihrem neuen Heimatland eine Bleibe und eine Arbeit zu suchen, müssen Sie Ihre Wohnung und Ihren Job in Deutschland kündigen. Seien Sie dabei aber nicht zu voreilig, sondern warten Sie, bis Sie nicht nur die Einwanderungsgenehmigung, sondern auch das Einwanderungsvisum in Händen halten und wenn möglich auch schon ein Abreisedatum festgelegt haben. Nicht dass am Ende doch noch irgendetwas schief geht und Sie dann plötzlich ohne Dach über dem Kopf und ohne Einkünfte in Deutschland bleiben müssen!

Schwierig ist zunächst einmal die Entscheidung, wo im neuen Heimatland man überhaupt leben möchte. Nehmen wir einmal an, Sie haben eine Green Card für die USA bekommen und dürfen nun in das Land der unbegrenzten Möglichkeiten übersiedeln. Doch dieses Land ist groß, wohin genau soll's denn nun bitte gehen? New York oder Los Angeles, das wär's natürlich, das kennen wir, gehen wir also dorthin! Unter South Dakota, Wyoming oder gar Vermont können wir uns dagegen kaum etwas vorstellen, geschweige denn diese Bundesstaaten sofort auf der Karte finden. Wem eine feste Anlaufstelle, wie Freunde oder Verwandte, fehlt, der hat also die Qual der Wahl. Informieren Sie sich daher gründlich über Ihre neue Heimat:

- In welcher Stadt oder welcher Region gibt es viele Jobs in Ihrer Branche?
- Wie ist das Klima dort? In Wyoming natürlich völlig anders als zum Beispiel in Florida. Wenn Sie mit Hitze und Schwüle nicht zurechtkommen, sollten Sie sich nicht gerade im australischen Bundesstaat Queensland niederlassen, sondern eher nach Victoria ziehen, wo das Klima gemäßigter ist.
- Wie sind die Lebenshaltungskosten in den einzelnen Regionen? New York ist teurer als Wyoming, das steht schon mal fest.
- Und worauf legen Sie sonst noch Wert? Wenn Sie ein Stadtmensch sind, der Kultur, Shopping und Trubel braucht, sind Sie in Wyoming wohl nicht so gut aufgehoben, ein Naturfreak, der in seiner Freizeit gern lange Streifzüge durch den Wald unternimmt, wird sich dagegen in New York kaum wohl fühlen.
- Und wie sieht es mit der Lebensqualität aus?
- Welche Unterschiede gibt es hinsichtlich Schulen und Kindergärten?
- Wie steht es um die gesundheitliche Versorgung?
- Wie hoch ist etwa die Kriminalitätsrate und so weiter?

Bei der Wahl des zukünftigen Wohnortes gibt es unzählige Dinge, die Sie im Auge haben sollten. Je größer ein Land ist, umso größer sind auch die Klimaunterschiede. In Ländern wie den USA, Kanada oder Australien gibt es noch dazu große Unterschiede zwischen Stadt und Land. Der Gedanke, dass der nächste Supermarkt oder das nächste Kino zwei Stunden Autofahrt entfernt sind, mag uns Europäern zunächst kaum vorstellbar erscheinen. Können Sie damit wirklich leben?

Doch selbst wenn Sie sich für eine Region oder gar für eine bestimmte Stadt entschieden haben, sind noch viele Fragen offen. Erkundigen Sie sich nach den Vor- und Nachteilen der einzelnen Stadtteile:

- Wie weit haben Sie es bis zu Ihrer Arbeitsstätte (wenn Sie schon einen Job gefunden haben)?
- Wie ist es in diesem Stadtviertel um Schulen oder Kindergärten bestellt?
- Wie ist die Anbindung an die öffentlichen Verkehrsmittel?
- Brauchen Sie sofort ein Auto (eine weitere Anschaffung, die ins Geld geht) oder können Sie zunächst noch mit Bus oder U-Bahn fahren?
- Welchen Ruf hat das Viertel?
- Wie sieht es mit der Kriminalität aus?
- Gibt es Parks oder Grünflächen oder nur Betonwüsten?

Sie sehen, es kommt einiges an Recherche auf Sie zu. Viele Fragen wie die nach der ärztlichen Versorgung oder nach der Erreichbarkeit der Supermärkte werden Sie von Deutschland aus gar nicht klären können. Sammeln Sie jedoch trotzdem so viele Informationen über Ihre neue Heimatstadt wie möglich, mit Hilfe von detaillierten Reise- oder Städteführern, des Internets und aller anderen Informationsdienste. Natürlich können Sie später immer noch umziehen, wenn es Ihnen an Ihrem neuen Wohnort nicht gefällt, aber ein solcher erneuter Umzug geht auch ganz schön ins Geld.

Wissen Sie erst einmal ungefähr, wo Sie in Ihrer neuen Heimat leben wollen, so können Sie sich ernsthaft daranmachen, eine Bleibe zu suchen, denn im Hotel oder in einer Pension zu wohnen ist nicht gerade billig – selbst wenn es nur für ein bis zwei Wochen ist. Glück haben Sie natürlich, wenn Sie im Zielland Freunde oder Verwandte haben, bei denen Sie die ersten paar Tage unterkommen können. Beanspruchen Sie ihre Gastfreundschaft jedoch nicht zu sehr, Sie wissen ja: Gäste und Fisch fangen nach drei Tagen an zu stinken. Drei Tage sind zugegebenermaßen etwas zu kurz, um ein Dach über dem Kopf zu finden, doch nach spätestens zehn Tagen sollten Sie sich von Ihren Gastgebern verabschieden, selbst wenn Sie wieder nur in eine vorübergehende Bleibe umsiedeln.

Tipp: Wer jung und flexibel ist, sollte sein Glück einmal über das Internet bei der Mitwohnzentrale *http://www.mitwohnzentrale.de* versuchen. Immer wieder finden sich dort auch Angebote im europäischen Ausland. Sie können dann für eine bestimmte Zeit in einem leer stehenden WG-Zimmer oder in einer kleinen Wohnung leben.

Wer keinerlei Anlaufstelle in der neuen Heimat hat, kann die ersten Tage auch in einer Jugendherberge, einem Hotel oder in einer Pension verbringen, doch wird dies Ihr ohnehin schon knappes Auswanderungsbudget noch zusätzlich belasten. Was also tun? Von zu Hause aus eine Wohnung im Ausland anmieten? So ganz unbesehen? Wer gleich in seine eigenen vier Wände ziehen möchte, dem wird nichts anderes übrig bleiben. Einen ersten Überblick über die durchschnittlichen Mietpreise an Ihrem neuen Wohnort können Sie sich durch die Tageszeitung oder durch Stadtmagazine verschaffen – gehen Sie einmal im Internet auf die Suche, fast jede Tageszeitung hat mittlerweile ihren eigenen Internetauftritt, zu dem fast immer auch die Kleinanzeigen gehören. Natürlich können Sie auch gleich den einen oder anderen Inserenten anrufen. Bedenken Sie aber, dass Sie keinerlei Möglichkeit haben, die Wohnung vorher zu besichtigen, wenn sich diese beispielsweise in Sydney, Sie sich aber in München befinden. Sie müssen sich also auf die Angaben eines Ihnen völlig unbekannten Vermieters verlassen – wollen Sie dieses Risiko wirklich eingehen? Und wahrscheinlich möchte auch der Vermieter seinen potenziellen Mieter einmal persönlich sehen, denn auch Sie können ihm am Telefon die berühmte Story vom Pferd erzählen. Wohnungssuche über Anzeigen – gut und schön, doch sollten Sie auf diese Methode möglichst nur zurückgreifen, wenn Sie bereits im Lande sind und Ihre neuen vier Wände auch selbst unter die Lupe nehmen können. Es sei denn, Sie haben in der neuen Heimat einen „Strohmann“, zum Beispiel einen Freund oder den zukünftigen Arbeitgeber, der sich an Ihrer Stelle um eine Wohnung kümmert oder den Sie zumindest zu einem Besichtigungstermin schicken können. Dieser Person werden Sie etwas mehr Vertrauen entgegenbringen als einem wildfremden Zeitungsinserenten und können so einigermaßen sichergehen, dass sich die „Wohnung mit günstiger Verkehrsanbindung“ nicht an der Kreuzung zweier Autobahnen befindet.

Wer nicht auf eigene Faust suchen, aber trotzdem von Anfang an ein Dach über dem Kopf haben möchte, kann auch einen internationalen Makler beauftragen, muss dafür jedoch oft ein wenig tiefer in die Tasche greifen. Eine andere Möglichkeit bietet die Internetseite *http://www.immobilienscout.de* – hier finden Sie Miet- und Kaufobjekte in aller Welt.

Achtung! Auch wenn Ihnen ein renommierter Makler eine Wohnung besorgt hat – schließen Sie nie langfristige Mietverträge ab, solange Sie das Objekt nicht selbst gesehen haben oder es zumindest durch eine Person Ihres Vertrauens haben begutachten lassen. Mieten Sie eine Wohnung oder ein Haus stattdessen immer nur befristet, so dass Sie zur Not noch umziehen können.

Der neue Job

In der neuen Heimat brauchen Sie nicht nur ein Dach über dem Kopf, sondern auch Geld, um es bezahlen zu können. Je nachdem, wie es um Ihre finanziellen Rücklagen bestellt ist, werden Sie sich also relativ schnell eine Arbeit suchen müssen. Am besten sind Sie natürlich dran, wenn Sie das bereits von zu Hause aus erledigen können, denn dann haben Sie sofort eine Anlaufstelle im neuen Land und Ihr Konto wird in regelmäßigen Abständen wieder aufgefüllt. Gehen Sie also so früh wie möglich auf Jobsuche, vielleicht können Sie ja bei einem letzten Urlaub im Zielland vor der Auswanderung schon ein paar Vorstellungsgespräche absolvieren?

Stellensuche

Wenn Sie sich gut auf Ihr Auswanderungsvorhaben vorbereitet haben, so werden Sie auch schon wissen, wie es in Ihrer neuen Heimat um Jobs in Ihrer Branche bestellt ist und ob Ihre Ausbildung dort überhaupt anerkannt wird. Im Idealfall werden Sie festgestellt haben, dass Ihnen dort einige berufliche Möglichkeiten offen stehen, und können sich nun also ernsthaft auf die Suche nach einem Arbeitsplatz begeben. Hervorragend geeignet sind dafür wiederum die Tageszeitungen Ihres neuen Wohnortes bzw. deren Internetseiten. Außerdem gibt es im Internet zahlreiche internationale Stellenbörsen, mit Hilfe derer Sie ebenfalls fündig werden können. Die bekanntesten sind:

http://www.worldwidejobs.com: internationale Stellenbörse

http://www.monster.com: das weltweit größte Karrierenetzwerk mit rund einer Million Stellen in verschiedenen Ländern

http://www.stepstone.de: mit speziellen Länderversionen in etlichen Ländern

Gut dran sind all diejenigen, die in Deutschland bei einem Unternehmen mit einer Vertretung im Zielland beschäftigt sind oder dort arbeiten wollen. Sie können sich erkundigen, ob eine Versetzung ins Ausland möglich ist bzw. ob sie sich gleich bei der ausländischen Filiale bewerben sollen. Ebenfalls gute Karten haben junge Arbeitnehmer, die bereits während der Studienzeit ein Praktikum in dem jeweiligen Ausland absolviert haben. Sie können nun die damals geknüpften Kontakte wieder aktivieren und nach freien Stellen suchen.

Leider haben nur wenige Auswanderer das Glück, bereits berufliche Beziehungen in ihr neues Heimatland zu haben. Die meisten von ihnen werden sich ganz neu auf die Suche nach einem Arbeitsplatz begeben müssen. Adressen von potenziellen Arbeitgebern erhalten Sie zum Beispiel bei den Handelskammern der betreffenden Länder, die oft Niederlassungen in Deutschland unterhalten. Die Adressen der Handelskammern der beliebtesten Auswanderungsländer finden Sie im Länderteil im Kapitel „Die beliebtesten Auswanderungsländer“ (Seite 105 ff.).

Eine gute Anlaufstelle sind auch deutsche Clubs im Ausland. Erstens fällt hier schon einmal das Sprachproblem weg und zweitens haben Sie durch den Kontakt zu einem solchen Club die Möglichkeit, andere Auswanderer kennen zu lernen, nach ihren Erfahrungen zu fragen und sich auf diese Weise manchen wertvollen Tipp zu holen. Und vielleicht weiß das eine oder andere Clubmitglied ja zufällig von einem freien Arbeitsplatz oder hat sogar eine eigene Firma, in der Sie zumindest für die erste Zeit unterkommen können? Einige Anschriften solcher deutscher Clubs stehen ebenfalls im Länderteil im Kapitel „Auswanderungsländer“.

Wer nicht auf eigene Faust suchen möchte, kann auch fremde Hilfe in Anspruch nehmen. Eine wichtige Anlaufstelle ist die Zentralstelle für Arbeitsvermittlung (ZAV), die auch Arbeitnehmer ins Ausland vermittelt. Nähere Auskünfte erhalten Sie unter der folgenden Adresse:

Der Antrag ist genehmigt!

Zentralstelle für Arbeitsvermittlung (ZAV)
Villemombler Straße 76
53123 Bonn
Tel.: 02 28/7 13 13 13
Fax: 02 28/7 13 14 00
E-Mail: *Bonn-zav.auslandsinfo@arbeitsamt.de* ,
Internet: *http://www.arbeitsamt.de/zav*

Achtung! Immer wieder findet man in Zeitungen Anzeigen von Agenturen, die angeblich lukrative Auslandsjobs vermitteln. Oft muss man dafür eine relativ hohe „Auslagenpauschale" im Voraus bezahlen, die man später zurückerhält. Leider haben sich diese Agenturen in vielen Fällen als unseriös erwiesen – prüfen Sie solche Angebote daher genau und leisten Sie keine ungewöhnlich hohen Vorauszahlungen.

Doch nicht nur aus finanziellen Gründen sollten Sie sich so früh wie möglich auf die Suche nach einem Job begeben. In manchen Ländern muss man nämlich einen Arbeitsplatz vorweisen, um überhaupt eine Einwanderungsgenehmigung zu erhalten, in anderen wiederum – wie etwa in Neuseeland – erhöht sich die Punktezahl, wenn man bereits eine Stelle in diesem Land hat. Allerdings gibt es auch Länder, zum Beispiel Australien, bei denen ein Einwanderungsvisum Voraussetzung für die Arbeitssuche ist.

Die Bewerbungsunterlagen

Wichtig ist dabei vor allem, dass Sie die Bewerbungsformalitäten in Ihrer neuen Heimat kennen. Erkundigen Sie sich rechtzeitig, wie ein Bewerbungsschreiben in den USA oder in Neuseeland aussieht. Verfassen Sie Anschreiben und Lebenslauf in der Fremdsprache – und das natürlich absolut fehlerfrei. Wenn Sie sich unsicher sind, sollten Sie die Dokumente von einem Muttersprachler Korrektur lesen lassen. Schul-, Hochschul- und Arbeitszeugnisse müssen Sie übersetzen und beglaubigen lassen, auch sollten Sie sich gleich reichlich Kopien dieser Dokumente auf Vorrat legen.

In einigen Ländern, wie in den USA oder Großbritannien, arbeiten die Personalabteilungen gern mit Empfehlungsschreiben von früheren Arbeitgebern oder Hochschuldozenten. Hier müssen Sie also Ihren Noch-Chef um ein solches Empfehlungsschreiben bitten, das natürlich wiederum in die Landessprache übersetzt werden muss. Oft genügt es jedoch bereits, wenn Sie im Bewerbungsschreiben den Namen eines Referenzgebers anführen. Informieren Sie diesen dann aber auch darüber, so dass er nicht aus allen Wolken fällt, wenn er auf einmal Auskunft über Sie geben soll. Vor allem Australier in ihrer unkomplizierten Art greifen schon einmal ganz gern zum Telefonhörer und holen an Ihrer Ex-Arbeitsstätte Erkundigungen über Sie ein. Wäre doch peinlich, wenn Ihr potenzieller neuer Arbeitgeber dann einen völlig unvorbereiteten Gesprächspartner am Apparat hätte, oder?

Das Vorstellungsgespräch

Für ein Vorstellungsgespräch im Ausland sollten Sie sich unbedingt vorher nach der dortigen Kleidung am Arbeitsplatz erkundigen. Selbst im heißen Australien oder in Florida sieht man es nicht gern, wenn Sie in Badelatschen und Bermudas hereinschneien, vielmehr katapultieren Sie sich damit schon von vornherein ins Karriereabseits. Vor allem in den USA legt man im Geschäftsleben viel Wert auf „ordentliche“ Kleidung. Frauen sollten zum Rock unbedingt Strümpfe tragen, auch wenn es noch so heiß ist. Dazu gehören rasierte Beine und Achseln. Für Männer heißt es: Anzug und Krawatte sind obligatorisch.

Der Umzug ins Ausland

Jeder, der schon einmal umgezogen ist, weiß, wie zeitaufwändig ein solches Unterfangen ist: Möbel müssen auseinander genommen, das ganze Hab und Gut muss fein säuberlich in Kisten verpackt werden – und zwar so, dass unterwegs nichts in die Brüche gehen kann – und die alte Wohnung ist auch noch zu renovieren. Ein Umzug innerhalb der Stadt oder innerhalb Deutschlands bringt schon genug Arbeit mit sich. Wie sieht das dann erst bei einem Umzug ins Ausland aus?

Die richtige Zeitplanung

Nehmen Sie sich auf jeden Fall genug Zeit und machen Sie nicht den Fehler, quasi bis zum Tag Ihrer Abreise noch in Ihrem alten Job zu arbeiten. Gut, wenn Sie jetzt noch Resturlaub in Anspruch nehmen können, doch auch sonst sollten Sie noch gut vier Wochen einplanen, um den Umzug zu organisieren. Und eine rauschende Abschiedsparty mit allen Menschen, die Sie lieb haben, werden Sie doch auch noch feiern wollen, oder? Ähnliches gilt für die erste Zeit in der neuen Heimat. Auch hier sollten Sie sich wenn möglich die ersten vier Wochen noch frei von „richtiger“ Arbeit halten, denn Sie müssen nicht nur Ihre Wohnung einrichten und Tausende neuer Dinge kaufen, vielmehr wird gerade in den ersten Tagen noch eine Vielzahl von Behördengängen auf Ihrem Programm stehen.

Langsam merken Sie nun auch, warum Sie für eine Auswanderung einiges an finanziellen Rücklagen brauchen, stimmt's? Schließlich müssen Sie ja voraussichtlich etliche Wochen überbrücken, in denen Sie keine Einnahmen haben.

Das Aussortieren

Grundsätzlich ist ein Umzug auch immer eine gute Gelegenheit, um einmal gründlich auszumisten und sich von Dingen zu trennen, die man nicht mehr unbedingt braucht. Der Ledermantel, den wir schon seit drei Jahren nicht mehr getragen haben? Nichts wie weg damit! Die zahlreichen Bücher, die wir zwar gelesen haben, aber die nun nur noch Platz im Regal wegnehmen? Raus! Schnickschnack, der zwar hübsch aussieht, letztendlich aber zu nichts nütze ist? Ab auf den Flohmarkt! Bei einem Umzug ins Ausland sollten Sie ganz besonders gründlich ausmisten, denn je mehr Gepäck Sie haben, umso teurer wird die ganze Sache. Vielleicht ziehen Sie ja auch nach Florida oder in den tropischen Teil Australiens, wo Sie für Ihre dicken Winterklamotten sowieso keine Verwendung mehr haben – dann können Sie sie getrost aussortieren und sich für immer von ihnen verabschieden. Auch Ihre zahlreichen Zimmerpflanzen vertrauen Sie einer lieben Freundin oder Ihren Eltern an, denn auf Grund der Zoll- und Quarantänebestimmungen dürfen Sie sie in viele Länder ohnedies gar nicht einführen.

Erkundigen Sie sich nach der Stromspannung in Ihrem neuen Heimatland. In den USA zum Beispiel beträgt sie nur 110 Volt; wenn Sie dort deutsche Elektrogeräte verwenden wollen, müssen sie entsprechend umzuschalten sein und brauchen außerdem einen Adapter. Dafür sind aber in der Regel Waschmaschine, Mikrowelle, Kaffeemaschine, Bügeleisen, Staubsauger oder Fernseher nicht gerüstet. Von diesen Geräten müssen Sie sich also wohl oder übel trennen – und sie dann leider am Zielort neu erwerben! Für Länder, in denen Sie unsere Elektrogeräte verwenden können, brauchen Sie häufig einen Adapter, da die Steckdosen anders beschaffen sind. Legen Sie sich hier einen ausreichend großen Vorrat an.

Nun werden Sie also einige Tage oder gar Wochen mit Ausmisten und Packen und Packen und Ausmisten verbringen. Doch was tun mit all dem, was Sie beim besten Willen nicht mitnehmen können? Einfach wegwerfen geht natürlich nicht und auch das Verschenken fällt vielen Menschen schwer. Schließlich haben wir für all die Dinge viel

Geld bezahlt und Geld brauchen wir in der neuen Heimat mit am nötigsten. Kann man die alten Sachen nicht doch noch irgendwie zu Geld machen? Man kann, und Ihnen stehen dabei eine ganze Menge Möglichkeiten offen. So können Sie zum Beispiel alles in eine große Kiste oder besser gesagt in einen kleinen Lieferwagen packen und an den nächsten Wochenenden die Flohmärkte unsicher machen. Doch das kostet Zeit, und die ist jetzt ohnehin knapp. Sie können aber auch einen Flohmarkt in Ihrer eigenen Wohnung veranstalten. Stellen Sie alles, was Sie loswerden wollen, in das ansonsten leere Wohnzimmer und setzen Sie eine Anzeige in Ihre Tageszeitung: „Wohnungsauflösung, Samstag 10.00 bis 18.00 Uhr, Musterstraße 27, Tel. ...". Ganz gewiefte Verkäufer verscherbeln ihr überflüssiges Hab und Gut im Internetauktionshaus eBay; Sie werden staunen, welche Preise man dort für Dinge erzielen kann, für die man selbst keinen Cent mehr bezahlen würde. Allerdings ist eine umfangreiche Versteigerung bei eBay sehr zeitaufwändig. Sie müssen Kontakt mit den Bietern aufnehmen, den Eingang des Geldes kontrollieren und schließlich die Waren verpacken und versenden. Und genau danach wird Ihnen mitten im Umzugsstress ganz und gar nicht der Kopf stehen. Vielleicht haben Sie jedoch Freunde, die diese Aufgabe für Sie übernehmen? Natürlich gegen eine nicht zu geringe Provision. Es wird zwar ein wenig dauern, bis die Versteigerungen über die Bühne gegangen sind, doch das Geld können Sie sich auch in die neue Heimat nachschicken lassen. eBay ist übrigens nicht nur ein guter Tipp, um Ihre alten Sachen loszuwerden – wenn Sie den Umzug hinter sich gebracht haben, können Sie hier wiederum billig neue Einrichtungs- und Gebrauchsgegenstände erwerben, denn eBay gibt es in 21 Ländern auf der ganzen Welt.

Welche Gegenstände sollten Sie nun also mitnehmen? Ganz klar – alles, was Sie auch in Ihrem neuen Leben brauchen und von dem Sie sich nicht trennen wollen. Dazu können Möbel genauso gehören wie Andenken an die liebsten Freunde und Familienmitglieder. Kleine

Dinge, die Ihnen die Erinnerung an Deutschland wach halten, und Fotos, mit Hilfe derer die Vergangenheit lebendig bleibt. Lieblingsbücher und CDs, sowie alles, was Sie in der neuen Heimat nur schwer anschaffen können oder dessen Neuerwerb unverhältnismäßig teuer würde.

Ganz besonders schwer wird Ihnen die Trennung von Tieren fallen: von Bello oder Minka zum Beispiel. Einige Länder haben sehr strenge Einfuhrbestimmungen für Tiere, die leider auch für unsere ach so geliebten Haustiere gelten. Oft müssen Tiere einige Monate in Quarantäne bleiben – für die lieben Vierbeiner eine Qual (von der ohnehin schon beschwerlichen Reise mal ganz abgesehen) und für Sie ziemlich teuer. Nach Australien zum Beispiel dürfen Haustiere gar nicht einreisen. Also werden Sie sich wohl oder übel von Hund, Katze oder Schildkröte trennen müssen. Suchen Sie rechtzeitig nach einem guten Plätzchen für das Tier – vielleicht haben Sie ja Freunde, die es aufnehmen wollen und können –, damit Sie es in guten Händen wissen und mit einem reinen Gewissen auswandern können.

Und dann gibt es noch einen Gegenstand, der uns lieb und teuer ist: das Auto. Verkaufen oder mitnehmen? Erst einmal sollten Sie sich erkundigen, ob Ihr Wagen in der neuen Heimat überhaupt für den Verkehr zugelassen ist. Wenn Sie nach Neuseeland, Australien oder in ein anderes Land mit Linksverkehr bzw. Rechtssteuerung ziehen, so können Sie mit Ihrem deutschen Golf dort nicht viel anfangen. Auch unterschiedliche Abgasnormen, die Farben der Scheinwerfer und Ähnliches können Probleme verursachen. Oder vielleicht bekommen Sie in Brasilien auch überhaupt keine Ersatzteile für Ihre heiß geliebte Ente? Erkundigen Sie sich am besten beim jeweiligen Hersteller – da sie ihre Fahrzeuge für verschiedene Länder produzieren, wissen sie über die unterschiedlichen Bestimmungen Bescheid. Doch selbst wenn Ihr Auto alle Anforderungen Ihrer neuen Heimat erfüllt, sei trotzdem noch eines gesagt: Es ist nicht gerade billig, seinen Wagen über die sieben Meere schippern zu lassen. Eine Verschiffung in die USA kann zum Beispiel schon einmal 1.500,- Euro kosten – wäre es da nicht billiger, das Auto zu verkaufen und sich dort ein neues zuzulegen?

Erkundigen Sie sich auch, ob Ihr Führerschein im Ausland anerkannt wird. Auch wenn Sie sich für einen früheren Urlaubsaufenthalt schon einen internationalen Führerschein haben ausstellen lassen, so heißt das noch lange nicht, dass er in jedem Land automatisch als „normaler" Führerschein anerkannt wird – oft ist er nur dazu da, dass man ein Auto mieten darf.

Bei einem Umzug in ein EU-Land können Sie Ihren Führerschein – sofern Sie noch einen alten „Lappen" haben – bei der Führerscheinstelle in einen EU-Führerschein umtauschen, bei einem Umzug in andere Länder kann es passieren, dass Sie Ihren Führerschein bei der dortigen Führerscheinstelle anerkennen lassen oder auch noch einmal eine theoretische und/oder praktische Fahrprüfung ablegen müssen.

Der tatsächliche Umzug

Nun wissen Sie also, was Sie in die neue Heimat mitnehmen wollen – jetzt müssen Sie Ihre Siebensachen „nur" noch dorthin bekommen. Und wie machen Sie das am besten? Bei einem Umzug innerhalb Europas können Sie noch selbst einen kleinen Lieferwagen mieten und so Ihr Hab und Gut an Ihren neuen Wohnort transportieren. Doch was ist, wenn es nach Kanada, Brasilien oder Neuseeland gehen soll? Im Flugzeug können Sie all diese Dinge nicht mitnehmen – also müssen Ihre Siebensachen mit einem Frachtschiff auf dem Seeweg über die sieben Meere schippern. Dazu müssen Sie eine internationale Spedition beauftragen, die alles bei Ihnen abholt, es in einem oder mehreren Containern verstaut und es dann auf ein großes, großes Frachtschiff verlädt. Das macht sich dann auf den weiten Weg in Ihre neue Heimat.

Eine Spedition ist vor allem bei einem Umzug in ein weit entferntes Land wichtig, denn sie hat auf diesem Gebiet bereits viel Erfahrung gesammelt und verfügt über die entsprechenden Kontakte, um die Aktivitäten aller beteiligten Speditionen und Reedereien optimal zu koordinieren. Auch mit Zoll- und Versicherungsbestimmungen sowie den Möglichkeiten einer Zwischenlagerung kennt sich eine internationale Spedition bestens aus und kann so einen reibungslosen Ablauf Ihres Umzugs gewährleisten. Leider ist dieser Service nicht gerade billig und Sie müssen an Ihrem neuen Wohnort auch einige Zeit auf Ihre Siebensachen warten. Alles, was Sie in den ersten vier bis sechs Wochen unbedingt brauchen, sollten Sie also unbedingt bei sich haben – auch wenn Sie dafür im Flieger kräftig Übergepäck bezahlen müssen. Unverzichtbare Möbelstücke, wie zum Beispiel einen Küchentisch und ein paar Stühle sowie eine Matratze kaufen Sie am besten neu, denn so haben Sie sie gleich von Anfang an im Haus.

Beim Transport im Container richten sich die Kosten für die Verschiffung in der Regel nach dessen Volumen, nicht nach seinem Gewicht. Mit anderen Worten: Haben Sie einen oder mehrere Container gemietet, so machen Sie sie ruhig voll. Ebenfalls wichtig für den Preis ist die Entfernung Ihres bisherigen bzw. Ihres zukünftigen Wohnortes von den großen Überseehäfen. Ziehen Sie zum Beispiel von Hamburg nach Melbourne, so kommt Sie dies erheblich billiger als ein Umzug von München nach Alice Springs, denn in diesem Fall müssen Ihre Siebensachen noch lange über Land transportiert werden.

Ansonsten hängt der Preis einer Spedition von deren jeweiligem Service ab. Es gibt Angebote, bei denen Sie sich um gar nichts kümmern müssen. Die Spedition verpackt Ihr Hab und Gut, baut die Möbel ab, renoviert die Wohnung, transportiert alles an den neuen Wohnort und packt es dort auch wieder aus. Ganz klar, dass eine solche Leistung teurer ist als der reine Transport von A nach B, bei dem Sie den

Rest der anstehenden Aufgaben selbst erledigen müssen. Holen Sie auf jeden Fall Angebote von mindestens drei Speditionen ein, denn so haben Sie eine gute Vergleichsmöglichkeit.

Tipp: Achten Sie darauf, dass die von Ihnen gewählte Spedition zumindest dem Bundesverband Spedition und Logistik *(http://www.speditеure.de*) angehört, denn dann wird sie regelmäßig kontrolliert. Außerdem ist sie im Falle eines Bankrotts durch Transportgarantien gedeckt.

Wer selbst kein großes Organisationstalent ist, kann all diese Aufgaben auch in fremde, erfahrene Hände legen. Relocation-Agenturen greifen Umsiedlern unter die Arme und helfen nicht nur bei der Wohnungssuche, sondern organisieren gleich auch noch den Umzug. Allerdings müssen Sie dabei mit Kosten ab ca. 3000,- Euro rechnen. Adressen von 140 Relocation-Agenturen finden Sie im Internet unter *http://www.eura-relocation.com.*

Ganz egal, ob Sie eine Relocation-Agentur oder eine Spedition beauftragen – um eines werden Sie nicht herumkommen: Sie müssen eine Packliste (in der Sprache Ihres Ziellandes) erstellen, auf der das gesamte Hab und Gut nach Zweckbereichen aufgelistet ist, also zum Beispiel Küchengeräte, Schlafzimmermöbel, Bücher, Schuhe usw. Eine Liste benötigt der Spediteur für den Zoll. Eine Kopie sollten Sie selbst behalten.

Schließlich kann es auch noch sein, dass Sie aus Deutschland abreisen, ohne bereits eine Wohnung im Ausland zu haben. Dann können Sie Ihre Habe natürlich noch an keine bestimmte Adresse schicken lassen, sondern müssen Ihre Siebensachen vorerst noch in Deutschland zwischenlagern. Gut ist es natürlich, wenn alles im Keller von Eltern oder Freunden stehen kann – schon säuberlich verpackt, versteht sich, damit die Spedition später die Kisten nur noch abholen muss.

Steht Ihnen eine solche Möglichkeit nicht zur Verfügung, so müssen Sie Ihre Sachen woanders einlagern und dafür leider auch bezahlen. Viele Speditionen bieten Container oder andere Stauräume an, deren Preis ebenfalls nach Volumen berechnet wird. Erkundigen Sie sich bei verschiedenen Firmen nach den Kosten für eine solche Lagerung.

Fragen zu Wohnungs-/ Jobsuche und Umzug

- In welcher Stadt bzw. Region möchte ich leben?............................
- In welchem Stadtteil möchte ich leben?...
- Wie ist die Entfernung zum zukünftigen Arbeitsplatz?...
- Wie ist die Infrastruktur des Wohngebietes?.................................
- Gibt es die Möglichkeit, zunächst einen befristeten Mietvertrag abzuschließen?...................
- Welche Kündigungsfrist hat meine alte Wohnung?.........................
- Bekomme ich meine Mietkaution zurück?......................................
- Muss ich für die neue Wohnung eine Kaution zahlen?...................
- Wie lange dauert die Überweisung und wie hoch sind die Gebühren?...
- Welche Kündigungsfrist habe ich in meinem alten Job? ....
- In welchen Branchen kann ich in meiner neuen Heimat arbeiten? ....
- In welchen Regionen gibt es Jobs in dieser Branche? ....
- Wie sehen die Bewerbungsformalitäten in der neuen Heimat aus? ....
- Muss ich Zeugnisse oder andere Dokumente übersetzen und beglaubigen lassen?...
- Habe ich genügend Kopien von allen nötigen Unterlagen? ....

- Wie läuft ein Vorstellungsgespräch in der neuen Heimat ab? ....
- Habe ich ein Flugticket oder Ähnliches in die neue He imat?..........
- Was nehme ich mit, was kann ich neu kaufen?...............................
- Wie weit organisiere ich den Umzug selbst?..................................
- Beauftrage ich eine internationale Spedition?................................
- Wie viel kostet diese Spedition und welchen Umfang haben ihre Leistungen?...
- Habe ich eine detaillierte Packliste angefertigt?..............................
- Habe ich einen Nachsendeauftrag bei der Post gestellt?.................
- Habe ich die Tageszeitung abbestellt, Telefon und Fernseher abgemeldet, Strom, Gas und Wasser ablesen lassen, Mitgliedschaften in Clubs und Vereinen gekündigt und so weiter ?..............................
- Welche Impfungen brauche ich eventuell und wie lange vor der Abreise müssen sie durchgeführt werden?...

Rechtliche Fragen

Ein Umzug ins Ausland bringt immer auch rechtliche Fragen und Probleme mit sich. So werden Sie zum Beispiel wissen wollen, ob Sie in Deutschland noch Rentenansprüche haben und wie es mit der Lebensversicherung weitergeht, die Sie vor einigen Jahren abgeschlossen haben. Wer tatsächlich seiner alten Heimat für immer den Rücken kehren will, wird irgendwann vor der Frage stehen, ob er seine deutsche Staatsbürgerschaft aufgibt oder sich für eine doppelte Staatsbürgerschaft entscheidet, sofern das Recht des neuen Heimatlandes dies zulässt. Die wichtigsten rechtlichen Fragen beantwortet Ihnen dieses Kapitel.

Europäisches Gemeinschaftsrecht und zweiseitige Sozialversicherungsabkommen

Da die Welt im Allgemeinen und Europa im Besonderen immer mehr zusammenwächst, haben sich Politiker aus aller Herren Länder um Regelungen bemüht, die ihren Bürgern auch über die Grenzen hinweg soziale Sicherheit gewähren. So sollen die Nachteile, die durch die Arbeit und das Leben in Ländern mit unterschiedlichen Sozialversicherungssystemen entstehen, auf ein Minimum reduziert werden. Für die Länder der Europäischen Union bedeutet dies: Im europäischen Recht sind Regelungen enthalten, die verschiedene nationale Rentensysteme aufeinander abstimmen. Diese „Verordnungen im Bereich der Sozialen Sicherheit" sind in der EU unmittelbar geltendes Recht, das Vorrang vor dem deutschen Recht genießt und entgegenstehende deutsche Vorschriften außer Kraft setzt. Sie betreffen die gegenwärtigen EU-Mitgliedstaaten Belgien, Dänemark, Finnland, Frankreich, Griechenland, Großbritannien, Irland, Italien, Luxemburg, die Niederlande,

Österreich, Portugal, Schweden und Spanien. Außerdem kommt dieses Europäische Gemeinschaftsrecht auch in Island, Liechtenstein, Norwegen und der Schweiz zur Anwendung. Voraussichtlich ab 01.05.2004 gelten die Verordnungen im Bereich der Sozialen Sicherheit ebenso für die neuen EU-Mitgliedsländer Estland, Slowenien, Malta, Zypern (griechischer Teil), Lettland, Polen, Tschechien, Litauen und die Slowakei.

Auch mit einigen anderen Ländern hat Deutschland zweiseitige Sozialversicherungsabkommen geschlossen, die ähnliche Regelungen enthalten. Dies sind derzeit:

- Australien
- Bosnien-Herzegowina
- Bulgarien
- Chile
- Israel
- Japan
- Kanada und Quebec
- Kroatien
- Marokko
- Mazedonien
- die Republik Korea
- Serbien und Montenegro
- Tunesien
- Türkei
- Ungarn
- die USA

In erster Linie gelten diese Sozialversicherungsabkommen nur für Angehörige der Mitgliedstaaten. In Einzelfällen berät Sie die Bundesversicherungsanstalt für Angestellte (BfA) bzw. Ihr Versicherungsträger.

Kranken- und Pflegeversicherung

Selbst wenn uns die Gesundheitsreform bereits große Einschnitte bei der Krankenversicherung bringt, müssen wir uns eines vor Augen halten: Das deutsche Sozialsystem ist nach wie vor eines der besten auf der Welt. Wer auswandert und damit Deutschland den Rücken kehrt, muss also damit rechnen, dass er in Zukunft nicht mehr die Leistungen bekommt, die er gewohnt ist, und so unter Umständen Abstriche bei der sozialen Absicherung und Versorgung in Kauf nehmen muss.

Da die internationalen Regelungen im Bereich der Sozialversicherungen sehr komplex sind, können die folgenden Abschnitte nur allgemeine Richtlinien darstellen. Detailfragen klären Sie am besten mit Ihrem Versicherungsträger oder der BfA.

Erkundigen Sie sich außerdem rechtzeitig bei der zuständigen Botschaft, wie es um das Krankenversicherungssystem in Ihrer neuen Heimat bestellt ist. Finden Sie heraus, ob es ein gesetzlich geregeltes Versorgungssystem gibt, wie viel dies kostet und welche Leistungen Sie dafür erwarten können. In Ländern, in denen das gesetzliche Versorgungssystem Mängel aufweist, empfiehlt sich eine private Zusatzversicherung. Das funktioniert normalerweise auch nicht anders als bei uns: Die private Krankenversicherung garantiert Ihnen bessere Leistungen, doch müssen Sie dafür auch tiefer in die Tasche greifen.

Achten Sie vor allem darauf, dass Sie in Ihrer neuen Heimat vom ersten Tag an versichert sind. Das ist oft gar nicht einfach, denn häufig ist das Abschließen einer Krankenversicherung mit einer medizinischen Untersuchung verbunden. Darauf folgt eine gewisse Wartezeit, bevor der Versicherungsschutz eintritt. Was ist aber, wenn Ihnen während dieser Zeit etwas passiert? Zum Beispiel weil Sie im ungewohnten Linksverkehr von Neuseeland einen Unfall haben oder beim Tapezieren Ihrer neuen Wohnung von der Leiter fallen? Im schlimmsten Fall müssen Sie die Behandlung komplett selbst bezahlen und das wird Ihr vermutlich ohnehin knappes Auswanderungsbudget nur schwer verkraften können. Was also tun? Ideal ist es, wenn Sie die neue Krankenversicherung schon abschließen, bevor Sie endgültig in Ihrer neuen Heimat eintreffen, zum Beispiel bei einer letzten Urlaubsreise dorthin, die Sie auch für die Wohnungssuche nutzen können. Wer diese Möglichkeit nicht hat, sollte sich rechtzeitig um eine Lösung für die Übergangszeit bemühen (siehe weiter unten).

Wer in Deutschland Mitglied einer gesetzlichen Krankenversicherung ist, verliert den Versicherungsschutz in der Regel mit dem letzten Tag seiner Beschäftigung in der alten Heimat. Maximal noch einen Monat kann er in der Versicherung bleiben. Falls Sie diese Frist überschreiten, etwa weil Sie etwas länger brauchen, um Ihren Umzug zu organisieren und sich von allen Freunden und Verwandten zu verabschieden, so müssen Sie eine Lösung für diese Übergangszeit finden und zum Beispiel noch für ein paar Monate freiwilliges Mitglied der Krankenkasse werden oder sich vorübergehend arbeitslos melden. Über diese Übergangszeit hinaus empfiehlt sich eine freiwillige Weiterversicherung in der gesetzlichen Krankenkasse nur dann, wenn Sie vorhaben, nach ein paar Jahren nach Deutschland zurückzukommen.

Mitglieder privater Krankenkassen sollten sich erkundigen, ob ihr bestehender Versicherungsvertrag in einen Vertrag mit Auslandsversicherungsschutz umgewandelt werden kann. Fragen Sie auch nach einer so genannten Anwartschaftsversicherung, die Ihnen im Falle einer Rückkehr nach Deutschland die Wiederaufnahme in die private Krankenversicherung garantiert.

Wer noch ohne Versicherung in seiner neuen Heimat eintrifft, kann zur Überbrückung auch eine Auslandsreise-Krankenversicherung in Deutschland abschließen. Damit diese greift, müssen Sie – wie auch bei einer privaten Krankenversicherung – noch einen Wohnsitz in Deutschland haben, da die Versicherung eigentlich nur für touristische Auslandsaufenthalte, sprich Urlaubsreisen gedacht ist. Bei mancher Auslandsreise-Krankenversicherung schließen die vertraglichen Bestimmungen einen Auslandsaufenthalt zu Erwerbszwecken (und das ist bei einer Auswanderung ja der Fall) sogar explizit aus. Wenn Sie sich also für eine solche Übergangslösung entscheiden, so melden Sie sich nicht mit dem Tag Ihrer Ausreise offiziell ab, sondern behalten Sie eine Anschrift in Deutschland, zum Beispiel können Sie sich vorübergehend unter der Adresse Ihrer Eltern anmelden.

Bei einer Auslandsreise-Krankenversicherung müssen Sie ebenfalls die Leistungen erst selbst bezahlen, bekommen Ihre Auslagen später jedoch von Ihrer Versicherung zurückerstattet.

Schließlich gibt es noch die Auslandskrankenversicherung, bei der Sie normalerweise allerdings schon mit höheren Kosten rechnen müssen. Sie gilt auch für einen Arbeitsaufenthalt im Ausland und gewährleistet einen umfangreichen Versicherungsschutz. In der Regel gilt sie maximal 60 Monate – innerhalb dieses Zeitraums müssten Sie es eigentlich geschafft haben, in Ihrer neuen Heimat eine Krankenversicherung abzuschließen. Auch hier sind eventuelle Auslagen zunächst selbst zu bezahlen, das Geld wird später von der Versicherung zurückerstattet.

Die Pflegeversicherung ist gewöhnlich nicht Bestandteil eines Sozialversicherungsabkommens, da es sie in vielen Ländern, wie zum Beispiel in den USA, gar nicht gibt. Um später einmal Leistungen aus der Pflegeversicherung in Anspruch zu nehmen, müssten Sie also weiterhin Beiträge zu Ihrer deutschen Pflegeversicherung entrichten und im Pflegefall diese Leistungen auch in Deutschland in Anspruch nehmen, sprich: sich in Deutschland pflegen lassen. Überlegen Sie sich daher gründlich, ob das für Sie überhaupt in Frage kommt.

Rentenversicherung

Viele Auswanderer haben Angst, dass sie mit dem Umzug in ein anderes Land ihre Rentenansprüche in Deutschland verlieren. Diese Angst ist jedoch unbegründet, denn zweiseitige Sozialversicherungsabkommen sorgen dafür, dass bisher erworbene Ansprüche nicht verloren gehen.

Das deutsche Rentenversicherungssystem ist sehr kompliziert, detaillierte Auskünfte zu Ihrem speziellen Fall kann Ihnen nur Ihr Rentenversicherungsträger geben. Wenn Sie schon einige Jahre entsprechende Beiträge gezahlt haben, sollten Sie auf jeden Fall in Erfahrung bringen, welche Ansprüche Sie bereits erworben haben und was damit geschieht, wenn Sie Ihren Wohnsitz auf Dauer ins Ausland verlegen. Erkundigen Sie sich außerdem rechtzeitig, wie das Rentenversicherungssystem in Ihrem neuen Heimatland aussieht.

Tipp: Auskünfte hierzu erteilen die Botschaften und die Auswanderungsberatungsstellen, außerdem hat das Bundesverwaltungsamt hierzu Merkblätter.

Doch nicht nur eine angemessene Versorgung im Alter ist wichtig, auch darüber, wie Sie im Falle von Berufsunfähigkeit abgesichert sind, sollten Sie sich Informationen beschaffen und notfalls die nötigen Zusatzversicherungen abschließen.

Die meisten Auswanderer gehen in ihrer neuen Heimat einer Beschäftigung nach und erwerben damit dort natürlich auch Rentenansprüche. Je jünger Sie bei der Einwanderung noch sind, desto länger zahlen Sie auch in die Rentenkasse Ihres Ziellandes ein. Was aber ist mit Auswanderern, die schon 45 sind und rund ihr halbes Erwerbsleben lang Beiträge zur deutschen Rentenversicherung gezahlt haben? Sie werden diese Ansprüche wohl kaum verlieren wollen. Das müssen Sie auch nicht, wenn Sie in ein Land der EU oder in irgendein anderes

Land ausgewandert sind, mit dem Deutschland ein Sozialversicherungsabkommen geschlossen hat.

Um Anspruch auf eine deutsche Rente zu haben, müssen Sie zum einen ein bestimmtes Lebensalter erreicht haben, zum anderen muss aber auch eine gewisse Mindestversicherungszeit (die so genannte Wartezeit) gegeben sein, die derzeit 35 Jahre beträgt. Sind Sie nun in ein Land ausgewandert, in dem das Europäische Gemeinschaftsrecht gilt oder in dem mit Deutschland ein Sozialversicherungsabkommen besteht, so werden die in Deutschland und die im Ausland erworbenen Ansprüche ganz einfach zusammengerechnet. Sie erhalten dann einen Teil Ihrer Rente aus Deutschland, den anderen aus Ihrer neuen Heimat.

Nun hat aber nicht jedes Land dasselbe Renteneintrittsalter. Was machen Sie also, wenn Sie früher in Rente gehen wollen, als Sie es in Deutschland eigentlich dürften? Dann bekommen Sie zunächst nur den ausländischen Teil Ihrer Rente, auf den deutschen müssen Sie noch bis zu Ihrem 65. Geburtstag warten.

Wer überhaupt erst als Rentner auswandert, erhält seine Rente in der Regel in voller Höhe ins Ausland ausbezahlt. In jedem Fall sollten Sie die BfA rechtzeitig, das heißt drei bis vier Monate vor Ihrem Umzug ins Ausland, über Ihre geplante Auswanderung informieren, damit sie Ihre Rentenansprüche prüfen kann.

Wenn es dann einmal soweit ist und Sie Ihre Rente beantragen wollen, so können Sie in EU-Ländern oder in Ländern, mit denen Deutschland ein Sozialversicherungsabkommen geschlossen hat, Ihren Antrag auf deutsche Rente direkt (und natürlich fristgerecht) beim Versicherungsträger Ihrer neuen Heimat stellen. In der Regel genügt ein Antrag, um beide Renten sozusagen in einem Aufwasch zu beantragen, denn Ihr ausländischer Versicherungsträger setzt sich dann mit seinen deutschen Kollegen in Verbindung.

Was passiert nun aber, wenn Sie in ein Land auswandern, das kein Sozialversicherungsabkommen mit Deutschland hat? Sie unterliegen dann ganz den Rechtsvorschriften Ihrer neuen Heimat. Bedeutet dies, dass Ihre in Deutschland erworbenen Rentenansprüche dann auf Nimmerwiedersehen verschwinden? Zunächst einmal können Sie in einem solchen Fall versuchen, sich die bereits gezahlten Beiträge erstatten zu lassen. Das ist unter den folgenden Voraussetzungen möglich:

- Sie dürfen nicht mehr der deutschen Rentenversicherungspflicht unterliegen, also zum Beispiel nicht für einen befristeten Zeitraum von Ihrem deutschen Arbeitgeber ins Ausland entsendet worden sein. „Echte" Auswanderer, die Deutschland für immer den Rücken kehren wollen, werden diese Bedingung im Normalfall erfüllen.
- Sie dürfen auch nicht berechtigt sein, sich freiwillig bei der deutschen Rentenversicherung zu versichern. Da dazu aber normalerweise alle im Ausland lebenden Deutschen berechtigt sind, ist diese Bedingung nur schwer zu erfüllen. Eine Ausnahme wird nur für Personen gemacht, die weniger als fünf Jahre lang eingezahlt, also die allgemeine Wartezeit noch nicht erfüllt haben. Sehr junge Auswanderer haben somit noch eine gute Chance, eventuell ihre Beiträge zurückerstattet zu bekommen.
- Außerdem muss seit dem Ausscheiden aus der Versicherungspflicht eine Wartefrist von 24 Kalendermonaten vergangen sein.

Selbst wenn Sie Ihre Beiträge zur Rentenversicherung zurückerhalten, machen Sie trotzdem Verlust: Ihnen wird nämlich nur der Arbeit*nehmer*anteil ausbezahlt, den Arbeit*geber*anteil behält der Staat.
Allerdings wackeln zurzeit nicht nur die deutschen Renten, auch in anderen Staaten sieht es nicht viel besser aus, da alle Industrieländer mit ähnlichen Problemen, wie zum Beispiel rückläufigen Geburtenraten

und einer Überalterung der Bevölkerung, zu kämpfen haben. Sie müssen also damit rechnen, dass Ihre Altersversorgung auch in der neuen Heimat nicht allzu üppig ausfallen wird. Dann wäre es doch schade, die in Deutschland bisher erworbenen Rentenansprüche einfach verfallen zu lassen, oder? Geld kann man schließlich immer brauchen, Sie etwa nicht? Wenn Sie es sich finanziell leisten können, sollten Sie eine freiwillige Weiterversicherung in Deutschland in Erwägung ziehen (für die Sie hier auch nicht unbedingt gemeldet sein müssen), denn so haben Sie im Alter ein zweites Standbein und sind nicht allein auf die Leistungen Ihrer neuen Heimat angewiesen. Diese freiwilligen Zahlungen sind noch aus einem weiteren Grund zu empfehlen: Mal angenommen, Sie beschließen in zehn oder zwanzig Jahren, doch wieder nach Deutschland zurückzukehren. Dann haben Sie eine große Lücke in Ihren deutschen Renteneinzahlungen und müssen später vielleicht einmal am Hungertuch nagen. Voraussetzung für die freiwillige Zahlung von Rentenversicherungsbeiträgen sind lediglich, dass Sie das 16. Lebensjahr vollendet haben und dass in Deutschland keine Versicherungspflicht besteht.

Und noch einen Sonderfall gibt es: Wenn Sie von Ihrem Arbeitgeber in ein Land ohne Sozialversicherungsabkommen mit Deutschland geschickt worden sind, Sie dort also nicht ganz freiwillig leben und arbeiten, dann können weiterhin die deutschen Rechtsvorschriften zur Anwendung kommen. In einem solchen Fall müssen Sie eine so genannte Ausnahmevereinbarung schließen, für die in Deutschland folgende Stelle zuständig ist:

Deutsche Verbindungsstelle Krankenversicherung – Ausland (DVKA)
Pennefeldstraße 11-15
53177 Bonn
Tel.: 02 28/9 53 00
Fax: 02 28/9 53 06 00

E-Mail: *post@dvka.de*
Internet: http://www.dvka.de

Sie sehen, das deutsche Rentensystem ist nicht gerade einfach. Und die Rentensysteme anderer Länder, so es dort welche gibt, auch nicht. Daher ist es unmöglich, an dieser Stelle genaue Auskunft darüber zu geben, was mit Ihren Rentenansprüchen geschieht und welche Rente Sie in Zukunft erwarten können. Das hängt von Ihren bisher zur deutschen Rentenversicherung geleisteten Beiträgen und dem Rentensystem Ihrer neuen Heimat ab. Deshalb ist es wichtig, sich darüber so früh wie möglich Informationen zu besorgen – bei Botschaften, Konsulaten oder beim Bundesverwaltungsamt. Auch das Gespräch mit Ihrem Rentenversicherungsträger sollten Sie suchen und sich beraten lassen, was für Sie persönlich am günstigsten ist. Viele Auswanderer lassen ihre Rentenansprüche nämlich einfach verfallen – aber es wäre doch schade um das sauer verdiente Geld, oder?

Auskünfte über die für Ihren Wohnort zuständige Beratungsstelle erhalten Sie unter:

Zentrale der Bundesversicherungsanstalt für Angestellte (BfA)
Ruhrstraße 2
10704 Berlin
Tel.: 0 30/8 65-1
Fax: 0 30/8 65-27240
E-Mail: *bfa@bfa.de*
Internet: *http://www.bfa.de*

Lebensversicherungen und andere Geldanlagen

Vielleicht haben Sie schon ein paar Jahre Beiträge zu einer Lebensversicherung gezahlt, denn schließlich wollen Sie ja eine angemessene

Versorgung im Alter haben oder Ihre Hinterbliebenen absichern. Doch nun wandern Sie in ein weit entferntes Land aus. Was passiert nun mit der Lebensversicherung?

Natürlich können Sie den Vertrag ganz einfach kündigen, die jeweilige Frist steht in der Versicherungspolice. Doch bedeutet eine solche vorzeitige Kündigung – wie auch bei vielen anderen Formen der Geldanlage – meist einen erheblichen finanziellen Verlust. Und wenn Sie dann in Ihrer neuen Heimat eine neue Lebensversicherung abschließen, fehlen Ihnen wertvolle Beitragsjahre und Sie müssen praktisch wieder bei Null anfangen.

Erkundigen Sie sich daher beim Anbieter Ihrer Lebensversicherung, ob es möglich ist, die Police auch vom Ausland aus weiterlaufen zu lassen und ob Ihnen die Summe auch ins Ausland ausbezahlt wird. Eventuell müssen Sie dafür ein Konto bei einer deutschen Bank beibehalten, damit die Beiträge weiterhin problemlos abgebucht werden können.

Ein solches Konto empfiehlt sich auch aus anderen Gründen, zum Beispiel wenn Sie Mieteinnahmen oder Zinsen aus Anlagen bekommen. Auch Rentenbeiträge können Sie von dort abbuchen lassen. Natürlich sollten Sie darauf achten, dass dieses deutsche Konto immer ausreichend gedeckt ist, und einem Verwandten oder auch einem Anwalt eine Kontovollmacht hinterlassen, so dass dieser wichtige Angelegenheiten für Sie regeln kann.

Wenn Sie außer einer Lebensversicherung noch einiges an Vermögen besitzen, dann sollten Sie sorgfältig prüfen, was Sie damit tun wollen, wenn Sie Ihren Wohnsitz komplett ins Ausland verlegen. In der Regel werden Sie das Geld wohl irgendwie angelegt haben. Bevor Sie nun Ihr ganzes Vermögen und sämtliche Anlagen ins Ausland schaffen, sollten Sie sich genau erkundigen, wie sicher und stabil die Währung und die Banken Ihrer neuen Heimat sind. Denken Sie an den

Zusammenbruch Argentiniens im Dezember 2001 oder an die Asienkrise 1997. Wer einst sein ganzes Geld in diese Länder geschafft hatte, verlor damals unter Umständen sein komplettes Vermögen. Es kann also durchaus von Vorteil sein, Konten oder andere Geldanlagen in Deutschland beizubehalten, denn trotz der schlechten Wirtschaftslage darf unser Euro noch als relativ sicher gelten.

Kindergeld

Grundsätzlich verlieren Sie mit einer Auswanderung Ihren Anspruch auf Kindergeld, von zwei Ausnahmen abgesehen: Wer in Deutschland weiterhin voll einkommensteuerpflichtig ist, das heißt, einen deutschen Wohnsitz beibehält und sich nicht ins Ausland abmeldet, ist auch weiterhin berechtigt, Kindergeld zu beziehen. Auch wer mit seiner Familie in ein Land innerhalb der EU ausgewandert ist, erhält nach wie vor Kindergeld. Unter Umständen fällt es dann allerdings etwas geringer aus als in Deutschland.

Sozialhilfe ins Ausland?

Erinnern Sie sich noch an „Florida-Rolf", der im Sommer 2003 durch die deutschen Zeitungen und Boulevardmagazine geisterte? Der sonnengebräunte Rentner bezog rund 1.900,- Euro Sozialhilfe im Monat und finanzierte sich dadurch eine Wohnung in Miami – täglicher Strandbesuch inbegriffen. Die Empörung war groß und das Wort Sozialhilfemissbrauch wieder einmal in aller Munde. Mal ganz abgesehen davon, dass die Zahl der Bundesbürger, die im Ausland Sozialhilfe beziehen, verschwindend gering ist (im August 2003 waren dies gerade einmal 955 Personen), macht nicht jeder von ihnen sozusagen Urlaub auf Staatskosten. Um „Florida-Rolf" und Konsorten künftig das Handwerk zu legen, wird diese „Sozialhilfe unter Palmen" (so Sozialministerin Ulla Schmidt) stark eingeschränkt, künftig können im

Ausland lebende Deutsche nur in bestimmten Fällen Sozialhilfe in Anspruch nehmen. Dazu gehören Mütter, die um ihr Kind kämpfen, zum Beispiel wenn es vom Vater ins Ausland entführt wurde, Häftlinge, Emigranten, die Deutschland im Zweiten Weltkrieg verlassen haben, und Personen, die stationär in einem ausländischen Krankenhaus behandelt werden.

Wenn Sie zu keiner dieser Gruppen zählen, werden Sie wohl Ihr Geld auf herkömmliche Art und Weise, sprich: mit Arbeit, verdienen oder aber in Ihrer neuen Heimat Sozialhilfe beantragen müssen. Der deutsche Staat wird sich nicht mehr um Sie kümmern.

Steuern

Im Normalfall zahlen Sie in dem Land Steuern, in dem Sie leben und arbeiten. Wenn Sie also ausgewandert sind und in Ihrer neuen Heimat einen Job gefunden haben, zahlen Sie dort auch Ihre Steuern.

Probleme kann es dann geben, wenn Sie sich in Deutschland nicht abgemeldet haben, etwa weil Sie sich ein Hintertürchen für eine spätere Rückkehr offen halten wollen. Offiziell leben Sie dann nämlich noch in Deutschland und müssen damit rechnen, dass sich das Finanzamt nach Ihren finanziellen Verhältnissen erkundigt. Doch auch in Ihrer neuen Heimat wird Ihnen Geld von Ihrem Gehalt abgezwackt werden. Um zweifaches Steuerzahlen zu verhindern, hat Deutschland mit einigen Ländern, wie etwa den USA, ein Doppelbesteuerungsabkommen geschlossen. So müssen Sie nur in dem Land Einkommensteuer bezahlen, in dem Sie auch arbeiten.

Schwierig kann es werden, wenn Sie tatsächlich zwischen zwei Ländern pendeln, zum Beispiel weil Sie im Winter lieber in sonnigen Gefilden weilen und dort auch arbeiten, im Sommer aber in Deutschland Ihren Lebensunterhalt verdienen. Dann interessieren sich nämlich unter Umständen die Finanzämter beider Länder für Ihre Einkünfte – es sei denn, Sie können glaubhaft nachweisen, dass Sie sich mehr als die

Hälfte des Jahres im Ausland aufhalten. Als „echtem“ Auswanderer dürfte Ihnen dies allerdings nicht schwer fallen, oder? Im Gegensatz zu Boris Becker etwa, der im Jahr 2002 rechtliche Probleme bekam, weil er zwar offiziell in Monaco lebte, sich aber trotzdem die meiste Zeit in Deutschland aufhielt. Becker wurde wegen Steuerhinterziehung vor Gericht gestellt – Sie wollen doch nicht etwa, dass Ihnen das auch passiert?

Bei einer dauerhaften Wohnsitzverlegung ins Ausland müssen Sie in Deutschland natürlich auch keine Kirchensteuer mehr bezahlen. Erkundigen Sie sich, wie in Ihrer neuen Heimat mit der Kirchensteuer verfahren wird – ob sie zum Beispiel zusammen mit der Einkommensteuer eingezogen wird oder ob Sie sich selbst um die Bezahlung kümmern müssen.

Die doppelte Staatsbürgerschaft

Seit dem 1. Januar 2000 ist auch für Deutsche endlich möglich, was in anderen Ländern, wie in den USA, schon lange gang und gebe war: die doppelte Staatsbürgerschaft und somit ein Zweitpass. Wurde Ihr Einwanderungsantrag genehmigt und haben Sie bereits einige Zeit im neuen Land gelebt (in den USA zum Beispiel fünf Jahre), dürfen Sie die Staatsbürgerschaft Ihrer neuen Heimat annehmen. Wenn Sie wirklich vorhaben, den Rest Ihres Lebens dort zu verbringen, so wollen Sie vermutlich auch die entsprechende Staatsangehörigkeit erwerben, denn schließlich ist sie in der Regel Voraussetzung, um wählen oder auf andere Weise am politischen Leben eines Landes teilnehmen zu können.

Ob Sie Ihre deutsche Staatsbürgerschaft aufgeben oder sich für eine doppelte entscheiden, hängt natürlich in erster Linie auch davon ab, ob Ihre neue Heimat ebenfalls eine doppelte Staatsangehörigkeit akzeptiert. Wenn nicht, müssten Sie die deutsche aufgeben, um die neue anzunehmen, und dann gilt es, die Vor- und Nachteile der jeweiligen Staatsbürgerschaften gegeneinander abzuwägen. Vor allem bei politisch und wirtschaftlich sehr instabilen Ländern empfiehlt es sich, die deutsche Staatsangehörigkeit zu behalten, so dass Sie im Falle eines Falles in die alte Heimat zurückkehren können.

Wie bekommen Sie aber nun eine doppelte Staatsbürgerschaft? Was Sie für den Erwerb der Staatsangehörigkeit Ihrer neuen Heimat tun müssen, ist von Land zu Land unterschiedlich, erkundigen Sie sich dazu bei der zuständigen Einwanderungsbehörde. Um die deutsche Staatsangehörigkeit beizubehalten, müssen Sie über Ihr örtliches Konsulat beim Bundesverwaltungsamt eine so genannte „Beibehaltungsgenehmigung" (BBG) beantragen, und zwar bevor Sie die neue Staatsbürgerschaft annehmen. Damit Sie diese Genehmigung erhalten, müssen Sie nachweisen, dass Sie fortbestehende Bindungen an Deutschland haben. Das können sein:

- Eltern oder Geschwister, die in Deutschland leben
- Grundbesitz oder Immobilien in Deutschland
- Geldanlagen oder ein Konto in Deutschland
- regelmäßige Besuche in Deutschland
- Kinder, die im Ausland eine deutsche Schule besuchen
- Mitgliedschaft in deutschen Clubs oder Vereinen

Außerdem müssen Sie begründen, warum Sie die ausländische Staatsangehörigkeit annehmen wollen. Das können wirtschaftliche, berufliche und gesellschaftliche Nachteile sein, die Ihnen andernfalls entstehen würden.

Achtung! Beantragen Sie erst dann die Staatsbürgerschaft Ihres neuen Heimatlandes, wenn Sie die Genehmigung zum Beibehalten Ihrer deutsche Staatsbürgerschaft in Händen halten. Ist die deutsche Staatsangehörigkeit nämlich erst einmal weg, müssen Sie ein Verfahren zur Rückerlangung einleiten, und das ist umständlich (Näheres hierzu siehe Kapitel „Rückwanderung“, Seite 99 ff.).

Die Gebühr für die Beibehaltungsgenehmigung beträgt gegenwärtig 250,- Euro.

Fragen zu Versicherungen, Finanzen, Recht und Steuern

- Wie sieht das Krankenversicherungssystem in meiner neuen Heimat aus? ....
- Welchen Standard hat die medizinische Versorgung? ....
- Was deckt meine neue Krankenversicherung ab, welche Leistungen kann ich erwarten? ....
- Ist eventuell eine private Zusatzversicherung nötig? ....
- Welche Kündigungsfrist hat meine bisherige Krankenversicherung? ....
- Wie bin ich während der Übergangszeit abgesichert (freiwillige Weiterversicherung, Auslandsreise-Krankenversicherung, Auslandskrankenversicherung)? ....
- Welche Rentenansprüche habe ich bisher erworben? ....
- Wandere ich in ein Land aus, in dem das Europäische Gemeinschaftsrecht zur Anwendung kommt? ....
- Besteht zwischen meiner neuen Heimat und Deutschland ein Sozialversicherungsabkommen? ....
- Kann ich mir meine Beiträge zur Rentenversicherung erstatten lassen? ....
- Kann ich freiwillig Beiträge zur deutschen Rentenversicherung zahlen? ....

- Kann ich Lebensversicherungen und andere Geldanlagen vom Ausland aus weiterlaufen lassen?....................................
- Brauche ich noch ein deutsches Konto (und vielleicht eine deutsche Adresse)?.....................................
- Kann ich noch Kindergeld aus Deutschland beziehen?......................
- Bin ich auch im Ausland berechtigt, Sozialhilfe zu beziehen?..
- Besteht zwischen meiner neuen Heimat und Deutschland ein Doppelbesteuerungsabkommen?...
- Kann ich im Falle eines Falles belegen, dass ich wirklich den Großteil meiner Zeit im Ausland verbringe?...
- Bietet meine neue Heimat die Möglichkeit der doppelten Staatsbürgerschaft?...
- Ab wann kann ich die Staatsbürgerschaft meiner neuen Heimat annehmen?.....................................
- Soll ich die deutsche Staatsbürgerschaft behalten?..........................

Vor- und Nachteile des Hintertürchens

Sich ein Hintertürchen offen halten

Viele Auswanderer schrecken davor zurück, alle Brücken zur alten Heimat abzubrechen, oder sie wollen nicht auf das Sicherheitsnetz des deutschen Sozialversicherungssystems verzichten. Daher halten sie sich ein Hintertürchen offen, um jederzeit nach Deutschland zurückkehren oder weiterhin Beiträge zur Rentenversicherung bezahlen zu können. Wenn auch Sie zu diesen Menschen gehören, so erfahren Sie in diesem Kapitel, was Sie in einem solchen Fall beachten sollten.

Vor- und Nachteile eines Hintertürchens

Wer sich ein Hintertürchen offen hält, hat (scheinbar) einige entscheidende Vorteile: Er lebt zumindest auf dem Papier in Deutschland und kann daher alle sozialen Leistungen in Anspruch nehmen. Außerdem kann er in der Regel ohne Probleme nach Deutschland zurückkehren.

Schwierigkeiten können entstehen, wenn Ihnen hier jemand dahinter kommt, dass Sie Ihre Zeit eigentlich im Ausland verbringen und dennoch Leistungen kassieren, auf die Sie im Grunde keinen Anspruch haben, zum Beispiel Sozialhilfe oder Arbeitslosengeld. Auch das Finanzamt wird sich wundern, warum Sie plötzlich in Deutschland keine Steuern mehr bezahlen, und einen Nachweis verlangen, dass Sie tatsächlich auch nicht mehr hier arbeiten.

Ein weiterer Nachteil ist psychologischer Natur: Dadurch, dass Sie nach wie vor enge Bindungen an Deutschland haben, fassen Sie unter Umständen in der neuen Heimat nur schwer Fuß. Sie leben sozusagen zwischen zwei Welten, sind rechtlich gesehen zwar immer noch Deutscher, leben aber auf den Fidschi-Inseln, in Südafrika oder Venezuela. Sie fühlen sich nirgendwo richtig zu Hause: Nach Deutschland gehören Sie zwar nicht mehr, in der neuen Heimat kommen Sie jedoch auch nicht richtig an. Unter diesem Problem leiden vor allem viele so genannte „Teilzeit-Auswanderer“. Dazu gehört zum Beispiel der Tauchlehrer, der im europäischen Sommer seine Schüler in heimischen Gewässern ausbildet und sich im Winter in die Zweigstelle in Thailand absetzt. Die Kontakte zu Freunden und zur Familie in der alten Heimat brechen langsam ab, denn er ist zu wenig zu Hause, um wirklich an deren Leben teilnehmen zu können. Gleichzeitig bleibt er auch in seiner „Zweitheimat“ immer ein Fremder.

Doch Sie wollen ja „richtig“ auswandern und in einem neuen Land ein neues Glück suchen, oder? Allerdings kann es auch in einem solchen Fall ratsam sein, sich zunächst noch ein kleines Hintertürchen offen zu halten. Wie Sie im nächsten Kapitel noch sehen werden, ist es oft nämlich gar nicht so einfach, sich in der neuen Heimat einzuleben. Auf die anfängliche Euphorie folgt häufig ziemlich schnell eine Ernüchterung – nämlich dann, wenn Sie plötzlich feststellen, dass Ihr vermeintliches Traumland auch nicht das Paradies auf Erden ist. Meist sind diese Anfangsschwierigkeiten zwar nach ein paar Wochen oder Monaten überwunden; es kann aber auch sein, dass Sie mit dem Leben im neuen Land absolut nicht zurechtkommen und sich eingestehen müssen, dass Ihr Entschluss auszuwandern möglicherweise doch nicht das Richtige für Sie war. Sie haben nun vielleicht Ihre ursprüngliche Heimat in der Ferne erst richtig schätzen gelernt und werden mehr oder weniger reumütig nach Deutschland zurückkehren wollen. Nicht nur für einen solchen Fall der Fälle ist es von Vorteil, wenn Sie nicht sofort alle Brücken in die alte Heimat abbrechen, so dass Sie jederzeit problemlos zurückkommen können. Erst wenn Sie sich im neuen Land wirklich eingelebt haben und sich sicher sind, dass Sie auch dort bleiben wollen, können Sie sich endgültig von Deutschland lossagen.

Wer regelt meine Angelegenheiten in Deutschland?

Je weiter weg Sie leben, desto schwieriger sind Sie erreichbar. Es kann aber durchaus einmal passieren, dass Sie persönlich vor einer Behörde erscheinen oder innerhalb von ein paar Tagen eine Unterschrift abgeben müssen. Und dann wäre es unverhältnismäßig teuer, extra aus Brasilien oder Australien einzufliegen! Was also tun?

Als erste Ansprechpartner, die Sie vertreten können, werden Ihnen vermutlich Ihre Eltern oder Ihre Geschwister einfallen, denn von ihnen werden Sie wohl nicht hintergangen werden.

Handelt es sich um finanzielle Belange wie Steuererklärungen oder Bankgeschäfte oder um rechtliche Fragen, so sind Sie allerdings mit einem Fachmann oder einer Fachfrau besser beraten. Vielleicht kennen Sie ja einen Anwalt, dem Sie vertrauen und mit dem Sie schon mehrmals zu tun hatten. Dann können Sie ihm eine Generalvollmacht erteilen, so dass er Sie in allen rechtlichen Dingen vertreten kann. Natürlich wird auch er nicht eigenmächtig handeln, sondern vorher mit Ihnen per Telefon oder E-Mail Rücksprache halten.

Selbst wenn Sie sich kein Hintertürchen offen halten wollen, empfiehlt es sich, einem Anwalt oder einem Verwandten eine solche Generalvollmacht zu übertragen. Gerade in den ersten Wochen nach Ihrer Abreise wird es noch so manches zu regeln geben, das Sie im Eifer des Gefechts vergessen oder nicht bedacht haben oder von dem Sie auch gar nichts wussten. Schnell kann da einmal Ihre Unterschrift nötig sein – sorgen Sie also vor, dass Sie gegebenenfalls jemand vertreten kann.

Sich abmelden – ja oder nein?

Um in den Genuss der Vorteile eines solchen Hintertürchens zu kommen, brauchen Sie vor allem eines: einen Wohnsitz in Deutschland. Aber Miete für eine Wohnung zahlen, in der Sie sich so gut wie nie aufhalten? Das wird sich wohl kaum jemand leisten können und es ist auch gar nicht nötig. Fragen Sie Eltern, Geschwister oder gute Freunde, ob Sie – nur auf dem Papier – bei ihnen einziehen können. So haben Sie eine Adresse in Deutschland und gelten nach wie vor als deutscher Staatsbürger. Vergessen Sie – wie bei einem „echten" Umzug – nicht, sich beim Einwohnermeldeamt umzumelden und alle Ihre Versicherungen, Konten und Ähnliches auf die neue Adresse umschreiben zu lassen.

Fragen zu „Sich ein Hintertürchen offen halten"

- Bin ich mir schon sicher, ob ich wirklich für immer im Ausland bleiben möchte?..............................
- Habe ich kein Problem damit, mich zwischen zwei Ländern hin- und hergerissen zu fühlen?...
- Wer regelt rechtliche und finanzielle Belange in der Heimat? ....
- Habe ich einen Verwandten oder einen Anwalt, dem ich eine Generalvollmacht erteilen kann?...
- Unter welcher Adresse melde ich mich an, wenn ich meinen deutschen Wohnsitz beibehalten möchte?...
- Wie bin ich im Krankheitsfall versichert?..
- Besteht zwischen Deutschland und meiner neuen Heimat ein Doppelbesteuerungsabkommen?...
- Kann ich nachweisen, dass ich mich wirklich den Großteil des Jahres im Ausland aufhalte?..
- Wie sicher ist die Währung meines neuen Heimatlandes? ....

Probleme in der neuen Heimat

Nun sind Sie bereits einige Zeit in der neuen Heimat und langsam beginnt die rosarote Brille ihre Wirkung zu verlieren. Plötzlich stellen Sie fest, dass auch im vermeintlichen Traumland nicht alles nur eitel Sonnenschein ist. Vielleicht sind Ihre Sprachkenntnisse doch nicht so gut, wie Sie zunächst dachten, oder Sie finden einfach keinen Anschluss. Vielleicht haben Sie aber auch Heimweh, vermissen Freunde und Familie oder einfach nur einen deftigen Sauerbraten. Wie Sie mit diesen Rückschlägen fertig werden, zeigt Ihnen dieses Kapitel.

Ernüchterung: Es gib kein Paradies!

Nicht selten steckt hinter dem Auswandern in erster Linie der Gedanke „Nichts wie weg hier!" Wir sehnen uns nach einem Neuanfang in einem anderen Land, nach einer Chance, endlich das Leben zu führen, von dem wir immer geträumt haben, und danach, Deutschland mit all dem, was uns dort gestört hat, endlich hinter uns zu lassen. In den Monaten und Wochen, bevor es endlich losgehen kann, kommen wir kaum richtig zum Nachdenken, denn es gibt ungeheuer viel vorzubereiten und zu organisieren.

Das Ankommen und später auch das Da-Sein in der neuen Heimat ist nicht einfach. Bei vielen Auswanderern macht sich nach der anfänglichen Euphorie erst einmal Ernüchterung breit. Dies zeigt auch eine Umfrage der Website *http://www.auswandern-aktuell.de:* 74 Prozent der an einer Auswanderung Interessierten meinen, im Ausland sei alles besser, doch nur neun Prozent der tatsächlich Ausgewanderten bestätigen das auch. Die anderen 91 Prozent haben also irgendwann ihre rosarote Brille abgelegt und erkannt, dass auch die neue Heimat nicht das Paradies ist, das sie sich erträumt hatten.

Grundsätzlich verläuft das Sicheingewöhnen in einem fremden Land in vier Phasen: Als Erstes sieht man alles durch die rosarote Brille – ganz klar, denn man ist ja aus Deutschland weggegangen, um etwas Besseres zu finden. Danach folgt die Ernüchterung, die eine Krise, ja sogar einen Kulturschock auslösen kann. Man erkennt nun plötzlich die Schattenseiten der neuen Heimat, fühlt sich überfordert oder merkt, dass die Sprachkenntnisse doch nicht so gut sind wie gedacht. Viele Ausgewanderte werfen dann die Flinte ins Korn und kehren enttäuscht in ihre alte Heimat zurück. Wer nicht so schnell aufgibt, wird meist belohnt: Größtenteils geht diese Anfangskrise rasch wieder vorbei, über die Phase der Anpassung kommt es schließlich zur Stabilisierung und Sie fühlen sich in Ihrer neuen Heimat endlich wie zu Hause

Tipp: Das Institut für Auslandsbeziehungen *(http://www.ifa.de)* hilft bei der Vorbereitung auf Auslandsaufenthalte, so dass sich Auswanderer schneller in der neuen Heimat einleben.

Die Ernüchterung trifft einen dann umso härter, wenn man sich vorher nur wenig über sein neues Heimatland informiert oder sich ausschließlich auf dessen positive Aspekte konzentriert hat. Übertrieben ausgedrückt: Wer mit Australien den Traum von Weite und Abenteuer verbindet und hinter jeder Straßenecke ein Känguru erwartet, wird erst einmal enttäuscht sein, wenn er sich in einem Vorort von Sydney oder Melbourne wieder findet, in dem die Menschen in gleichförmigen Häusern leben und das Outback nur vom Hörensagen kennen.

Selbst wer vor der Auswanderung schon mehrere Urlaube in seiner neuen Heimat verbracht hat, wird irgendwann von dieser Ernüchterung eingeholt. Plötzlich blicken wir nun hinter die Kulissen von Hotels und Touristenzentren und müssen feststellen, dass auch unser vermeintliches Traumland nicht von Problemen wie Arbeitslosigkeit, Armut oder Kriminalität verschont bleibt. Dinge, von denen wir bei einem Urlaub überhaupt nichts mitbekommen, wie etwa Löcher im Gesundheits- und Sozialsystem, ein unzureichendes staatliches Schulsystem oder hohe Lebenshaltungskosten, spielen nun plötzlich eine wichtige Rolle in unserem Leben und lassen uns erkennen, dass auch in unserem Traumland nicht unbedingt nur Milch und Honig fließt.

Wie gesagt, verhindern kann man diese Ernüchterung nur dadurch, dass man sich über sein Zielland so gut wie möglich informiert, und zwar bevor man dorthin auswandert. Natürlich werden Sie sich bei Ihrer Informationssammlung vor allem auf das konzentrieren, was besser ist als in Deutschland, denn schließlich wollen Sie in Ihrer neuen Heimat ja ein besseres Leben führen. Trotzdem sollten Sie Ihr Zielland nicht (nur) durch die rosarote Brille betrachten und alle negativen Aspekte von vornherein ausblenden. Versuchen Sie lieber, zu einer realistischen Einschätzung des Landes zu kommen, zum Beispiel indem Sie den Kontakt zu Menschen suchen, die schon vor Ihnen dorthin gezogen sind. Wie beurteilen sie ihre neue Heimat, nachdem sie bereits eine Zeit lang dort gelebt haben? Was vermissen sie, was ist besser als in Deutschland? Wägen Sie die Vor- und Nachteile des jeweiligen Landes gegeneinander ab – nur wenn die Vorteile deutlich überwiegen, sollten Sie eine Auswanderung ernsthaft in Angriff nehmen.

Doch nun ist es zu spät, Sie sind ausgewandert, leben bereits einige Wochen oder Monate im neuen Land und werden plötzlich von Zweifeln geplagt: War dieser Schritt richtig? So toll ist es in Kanada nun auch wieder nicht! Was tun? Überlegen Sie ernsthaft, inwiefern wirklich Ihr neues Heimatland an Ihrer Katerstimmung Schuld ist. Oft reicht schon eine Kleinigkeit, um das Fass zum Überlaufen zu bringen. Da verzögert sich zum Beispiel das Eintreffen unserer Siebensachen, weil jemand bei der Spedition gepennt hat. Ausbaden müssen das natürlich wir, weil wir nun noch zwei Wochen länger in einem Provisorium leben und auf einer unbequemen Matratze schlafen müssen. Und schon überkommt uns das heulende Elend: Wäre ich doch bloß zu Hause geblieben, da hatte ich meine komfortable Wohnung!

Vielleicht haben Sie auch gar nichts gegen Ihre neue Heimat an sich, sondern sind „nur" am falschen Ort oder im falschen Stadtviertel gelandet. Eigentlich sehnten Sie sich nach einem Leben auf dem Land und in der Natur, doch nun merken Sie, dass South Dakota doch ein wenig arg provinziell ist. Dann machen Sie nicht gleich die gesamten Vereinigten Staaten von Amerika für Ihr Elend verantwortlich, sondern denken Sie erst einmal über einen Umzug innerhalb des Landes nach. Vielleicht haben Sie auch aus Unwissenheit und mangelnder Ortskenntnis eine Wohnung in einem Stadtviertel gemietet, das Ihnen bei Tageslicht ganz passabel erschien. Später stellen Sie jedoch fest, dass man sich hier nach Einbruch der Dunkelheit nicht mehr auf die Straße wagen kann, öffentliche Verkehrsmittel ab 20.00 Uhr den Betrieb einstellen und Ihre Nachbarn größtenteils Zuhälter und Drogenhändler sind. Auch dann ist mit einem Umzug in ein besseres Stadtviertel schnell Abhilfe geschaffen.

Allerdings kann die Ernüchterung auch tiefer sitzende Gründe haben. Politische oder soziale Probleme eines Landes, von denen wir in Deutschland nichts mitbekommen, ein anderes Frauenbild, in das sich eine einigermaßen emanzipierte europäische Frau nicht einfügen kann, oder auch Arbeitsbedingungen, bei denen wir von Feier- und Urlaubstagen verwöhnten Deutschen erst einmal kräftig schlucken müssen, können hier eine Rolle spielen.

Eine gewisse Desillusionierung nach den ersten Wochen und Monaten in der neuen Heimat ist ganz normal, denn schließlich erfahren wir nun am eigenen Leib, was es bedeutet, dort zu leben. Sie kennen das aus Ihren Liebesbeziehungen: Nach der Zeit der ersten Verliebtheit legen wir unsere rosarote Brille ab und beginnen, den Partner etwas realistischer zu sehen. Bei der Beziehung zu unserem Traumland ist es nicht anders: Wir nehmen nun zum ersten Mal seine Fehler und Macken wahr und müssen lernen, mit ihnen zu leben. Merken Sie nach einiger Zeit – und drei Monate, am besten sogar ein Jahr sollten Sie sich dafür bei einer Auswanderung mindestens geben –, dass Sie sich mit diesen Fehlern und Macken nicht abfinden können, so sollten Sie ernsthaft über eine mögliche Rückkehr nach Deutschland nachdenken. In einer Beziehung würden Sie ja schließlich auch die Konsequenzen ziehen! Aber eigentlich dürfte Ihnen dies bei einer Auswanderung gar nicht passieren, denn Sie haben sich ja im Vorfeld gründlich über Ihr Zielland informiert, oder?

Kulturschock

Je fremder Ihnen Ihr neues Heimatland ist und je weniger Sie sich vor dem Auswandern darüber informiert haben, umso mehr werden Sie am Anfang mit einem Kulturschock zu kämpfen haben. Doch auch in Ländern, die wir relativ gut zu kennen glauben, wie zum Beispiel die USA, kann einen dieser Kulturschock noch ganz schön treffen. Das Leben im neuen Land wird in etlicher Hinsicht ganz anders sein als in Deutschland. Zuerst werden wir von der unverbindlichen Freundlichkeit der Amerikaner vielleicht noch begeistert sein und sie als willkommene Abwechslung zur deutschen Griesgrämigkeit und Meckerei betrachten, aber spätestens wenn wir einmal wirklich schlecht drauf sind, möchten wir auf das nächste „How are you?“, statt mit dem stereotypen „Fine, thanks, and you?“ zu antworten, am liebsten ein „I’m having a horrible day and I’m sick of it all“ brüllen.

Auch ein Kulturschock lässt sich am besten vermeiden, indem man sich im Vorfeld möglichst intensiv mit seinem neuen Heimatland beschäftigt. Versuchen Sie hinter die Kulissen zu blicken und bestimmte Gepflogenheiten und Verhaltensweisen zu verstehen. Auch wenn Ihnen manches unsinnig erscheint und nicht so ganz einleuchtet, werden Sie es leider nicht schaffen, die Sitten Ihrer neuen Heimat zu revolutionieren. Als Neuankömmling müssen Sie sich wohl oder übel anpassen, wenn Sie nicht ewig ein Außenseiter bleiben wollen.

Tipp: Es gibt eine ganze Reihe von Büchern mit den Titeln „Kulturschlüssel" oder „Kulturschock", die sich mit den kulturellen Gepflogenheiten verschiedener Länder beschäftigen und mit denen Sie sich optimal auf eine Reise oder gar Auswanderung vorbereiten können. Literaturtipps zu einzelnen Ländern finden Sie im Anhang (Seite 213).

Und noch etwas verursacht nach einem Umzug in ein anderes Land oft Probleme: Plötzlich sind wir nämlich Ausländer, und diese Situation ist für uns völlig ungewohnt. Denken Sie einmal darüber nach, wie Sie sich selbst in Deutschland gegenüber Ausländern verhalten. Natürlich will ich Ihnen nicht unterstellen, dass Sie ein Rassist sind, und zum Glück sind das auch nur die allerwenigsten Menschen. Aber vielleicht ertappen Sie sich ja manchmal dabei, wie Sie innerlich die Augen rollen, weil bei einem Behördengang ein Ausländer vor Ihnen steht und etwas länger braucht, um ein einfaches Formular auszufüllen? Oder wie Sie mit einem Ausländer betont langsam und deutlich reden und ihn damit von oben herab behandeln (von sprachlichen und menschlichen Entgleisungen wie „du gehen" usw. will ich gar nicht erst reden)? Dann müssen Sie nun damit fertig werden, dass Sie jetzt vielleicht selbst diese Reaktionen bei anderen Menschen auslösen. Dass Sie nun plötzlich auch etwas länger brauchen, um ein einfaches Formular auszufüllen. Dass Sie zwei- oder dreimal nachfragen müssen, bis Sie verstanden haben, was der Schalterbeamte da in seinem ungewöhnlich anmutenden australischen Akzent vorgebracht hat. Mit anderen Worten: Nun sind Sie plötzlich Ausländer und müssen vielleicht mit den einen oder anderen Konsequenzen leben. Vielleicht begegnen Ihnen Einheimische mit Vorurteilen oder Sie stellen fest, dass Sie bei der Arbeitsplatzsuche benachteiligt werden, weil Sie die Sprache nicht ganz so perfekt beherrschen. Je nachdem, in welches Land Sie gehen, wird Ihnen das mal mehr, mal weniger Probleme bereiten. In typischen Einwanderungsländern, wie den USA, Kanada, Australien oder Neuseeland, gehen die Menschen meist relativ locker damit um, wenn Sie die Sprache nicht ganz perfekt sprechen und sich ab und zu ein deutscher Akzent bemerkbar macht. Wer jedoch in „exotischere" Länder wie etwa Thailand auswandert, wird sein Leben lang damit zu kämpfen haben, schon rein optisch sofort als Ausländer erkennbar zu sein. Sich in Ihrer neuen Heimat vollkommen einzuleben, wird Ihnen daher vermutlich nur schwer gelingen.

Probleme mit der fremden Sprache

Eigentlich waren Sie ja der Meinung, Ihre Englischkenntnisse wären ganz gut. Schließlich hatten Sie in der Schule Leistungskurs Englisch und im Urlaub konnten Sie sich bisher auch immer recht gut durchschlagen. Das Surfen auf englischen Websites bereitet Ihnen auch keine großen Schwierigkeiten – dann werden Sie im englischsprachigen Ausland wohl auch überleben können. Denkste! In Australien angekommen, verstehen Sie plötzlich kein Wort mehr. Das soll Englisch sein? Klingt doch völlig anders, als das, was wir früher in der Schule gelernt haben. Und Ihr Vokabular ist auch nicht so umfangreich, wie Sie gedacht hatten. Sie können zwar im Restaurant ein Essen bestellen oder zur Not auch noch einen englischen Geschäftsbrief schreiben, aber bei der Hausrenovierung fehlen Ihnen auf einmal Worte wie

„Wasserwaage“ oder „Schraubendreher“.

Egal, ob es sich um Englisch, Spanisch, Portugiesisch oder Französisch handelt: Viele Auswanderer haben in der ersten Zeit in der neuen Heimat mit Sprachproblemen zu kämpfen. Wer nicht gerade diese spezielle Fremdsprache studiert oder schon vorher einige Zeit im Ausland verbracht hat, wird sich mit seinen Schul- oder Sprachkurskenntnissen oft ziemlich verloren fühlen. Dazu kommt noch der oft ungewohnte Dialekt: Australisches Englisch oder ein amerikanischer Südstaatenakzent haben mit Oxford-Englisch in etwa so viel zu tun wie Bayrisch mit Hochdeutsch und so müssen Sie am Anfang vielleicht mehrmals nachfragen, bis Sie die einfachsten Dinge verstanden haben.

Oft ist es gerade das gewöhnliche Alltagsvokabular, das uns fehlt: In der Schule oder Volkshochschule haben wir zwar gelernt, über soziale Probleme zu sprechen oder einen Geschäftsbrief zu schreiben, aber wie verschiedene Haushaltsgegenstände heißen, wissen wir nicht. Auch die Umgangssprache bereitet uns häufig Probleme.

Diese anfänglichen Schwierigkeiten legen sich bald von allein, wenn Sie länger in Ihrer neuen Heimat sind. Am besten lernt man ja eine Sprache immer dann, wenn man möglichst viel mit ihr konfrontiert ist – und wenn Sie in einem fremden Land leben, sind Sie das ja. Voraussetzung ist jedoch auch, dass Sie sich wirklich bemühen, die Sprache zu lernen. Machen Sie den Mund auf und sprechen Sie, auch wenn Sie vielleicht den einen oder anderen Fehler machen. Sie wissen ja: Übung macht den Meister. Suchen Sie das Gespräch mit Einheimischen, selbst wenn Sie beim Einkaufen nur ein paar Worte mit der Kassiererin wechseln. Wenn Sie bereits eine Anlaufstelle in der neuen Heimat haben – Verwandte, Familienmitglieder oder Freunde, die schon vor Ihnen ausgewandert sind –, so ist dies einerseits ein großer Vorteil: Sie haben jemanden, der Ihnen in der ersten Zeit ein wenig unter die Arme greift, Ihnen sagt, was Sie zu tun haben, und erklärt, wie verschiedene Dinge im neuen Land funktionieren. Andererseits verleitet dies auch dazu, sich allzu sehr auf die anderen zu verlassen, den Freund oder den Verwandten vorzuschicken, wenn es zum Beispiel darum geht, eine Wohnung zu suchen: „Du kennst dich besser aus, du sprichst die Sprache. Kannst du das nicht für mich übernehmen?“, so möchten Sie sich nun am liebsten aus der Affäre ziehen. So schwer Ihnen dies am Anfang auch fallen mag: Versuchen Sie, alles Nötige, wie zum Beispiel Wohnungssuche oder Behördengänge, selbst zu erledigen. Den Freund oder den Verwandten können Sie vorher natürlich ausführlich befragen und zu den Gesprächen auch als Rückendeckung mitnehmen. Nur für den Fall eines Falles. Ansonsten sollten Sie aber so viel wie möglich selbst regeln.

Auch wenn ich im Allgemeinen nicht zu übermäßigem Fernsehkonsum raten würde: Um eine Fremdsprache zu lernen, kann das Fernsehen (und auch das Radio) manchmal ganz nützlich sein. Sie gewöhnen sich an den Klang der fremden Sprache und Sie hören eine Vielzahl verschiedener Sprachstile: von der Hochsprache in den Nachrichten bis hin zu Alltagssprache, verschiedenen Dialekten und dem Slang in Serien oder Talkshows. In der ersten Wochen und Monaten dürfen Sie also gut und gern etwas Zeit vor der Glotze verbringen und Sie haben auch noch die perfekte Ausrede: Sie hängen keineswegs faul herum – nein, Sie lernen! Trotzdem sollten Sie über dem Fernsehen nicht das wahre Leben vernachlässigen, denn am lebenden Objekt lernt sich eine Sprache immer noch am besten. Im Gegensatz zum Fernseher können Sie einen Menschen nämlich um Wiederholung bitten, wenn Sie etwas nicht verstanden haben, und ihm auch sonst Fragen stellen. Doch genau dieser Kontakt zu Einheimischen fällt vielen Einwanderern zunächst schwer – womit wir auch schon beim nächsten Punkt wären.

Einsamkeit

Nun sind Sie also schon einige Zeit im Land, aber Freunde haben Sie noch keine gefunden: Am Arbeitsplatz geht es so hektisch zu, dass kaum Zeit bleibt, um mit den neuen Kollegen mal ein privates Wort zu wechseln, und auch sonst ist es schwierig, Anschluss zu finden. Meist verbringen Sie die Abende zu Hause vor dem Fernseher und kommen dann schnell ins Grübeln: War es wirklich richtig, so weit fort zu gehen?

Kontakte zu Einheimischen zu bekommen fällt vielen Einwanderern schwer. Gerade in den ersten Wochen und Monaten sind wir hauptsächlich mit unserem neuen Job, mit Behördengängen, Renovieren und Einrichten beschäftigt – wo sollen wir da noch die Zeit hernehmen, um neue Freunde zu finden? Anlaufstelle Nummer eins ist immer der Arbeitsplatz. In vielen angelsächsischen Ländern ist es üblich, dass Kollegen nach der Arbeit noch etwas zusammen unternehmen und zum Beispiel in einen Pub gehen. Hier sollten Sie sich unbedingt anschließen, denn das dient nicht nur der Förderung des Betriebsklimas, sondern bietet Ihnen auch Gelegenheit, das eine oder andere private Wort mit Ihren Kollegen zu wechseln. Doch auch in Ländern oder Firmen, wo dies nicht üblich ist, können Sie am Arbeitsplatz Kontakte knüpfen. Beobachten Sie Ihre Kollegen: Verbringen einige von ihnen vielleicht immer die Mittagspause zusammen? Dann warten Sie nicht, bis man Sie einlädt mitzukommen. Die meisten Menschen sind so mit sich selbst beschäftigt, dass ihnen wahrscheinlich gar nicht auffällt, dass der neue Kollege aus Deutschland seine Mahlzeiten immer allein einnimmt. Fragen Sie einfach nett und freundlich, ob Sie sich anschließen dürfen – mal sehen, was sich daraus ergibt!

Es kann jedoch auch sein, dass Sie am Arbeitsplatz keinen Anschluss finden, etwa weil private Kontakte unter den Mitarbeitern in Ihrer Firma nicht üblich sind oder weil Sie mit Ihren Kollegen ganz einfach nicht können. Und mal ehrlich: Wer will denn auch noch seine komplette Freizeit mit den Menschen verbringen, mit denen er sowieso schon den ganzen Arbeitstag zusammensitzt? Aber auch dann sollten Sie sich nicht in Ihren vier Wänden verkriechen und warten, bis jemand an Ihrer Tür klingelt und Sie ins Kino einlädt. Das wird nicht passieren, Sie müssen schon selbst aktiv werden. Irgendein Hobby werden Sie wohl auch in Deutschland gehabt haben, ganz egal, ob Sie nun Yoga machen, Tennis spielen, singen oder Briefmarken sammeln. Suchen Sie nach Möglichkeiten, diesem Hobby auch in Ihrer neuen Heimat nachzugehen. Treten Sie in Vereine ein, treiben Sie Sport – so werden Sie garantiert auf Gleichgesinnte stoßen. Oder haben Sie vielleicht eine soziale Ader? Dann suchen Sie nach gemeinnützigen Organisationen, in denen Sie sich engagieren können. Gehen Sie überall dorthin, wo Sie auf Gleichgesinnte treffen könnten – mit Menschen, mit denen man etwas gemeinsam hat, kommt man leicht ins Gespräch und kann so einfacher Kontakte knüpfen.

Wer nur schwer Anschluss an Einheimische findet, steht sich oft selbst im Weg: „Ich kann ja nicht mal die Sprache richtig, wer will sich denn da schon mit mir abgeben," so mögen wir uns denken und halten uns lieber an die Freunde aus dem deutschen Club, mit denen wir uns richtig unterhalten können und die wenigstens wissen, was Karneval oder eine Brezel ist. Aber selbst wenn Ihnen die Sprachkenntnisse am Anfang wirklich noch fehlen sollten, so ist das noch lange kein Grund, sich minderwertig zu fühlen. Wenn Sie nett und freundlich auf die Menschen zugehen, so wird man Sie in den allermeisten Fällen auch ebenso nett und freundlich aufnehmen, selbst wenn es mit der Sprache noch ein wenig hapert. Vielleicht wird man Sie sogar für Ihren Mut bewundern, in ein fremdes Land gegangen zu sein und dort ein ganz neues Leben zu beginnen. In einer Hinsicht haben Sie mit Ihren Bedenken allerdings Recht: In Ihrer neuen Heimat hat niemand auf Sie gewartet.

Wenn Sie also Anschluss suchen und Freunde finden wollen, so müssen Sie selbst etwas unternehmen – worauf warten Sie also noch?

Heimweh

Oft genügt schon ein winzig kleiner Anlass: Im Radio läuft das Lieblingslied der besten Freundin in Deutschland und plötzlich merken wir, wie sehr sie und die alte Heimat uns fehlen. Oder ein Blick aufs Datum sagt uns, dass heute unser Vater Geburtstag hat, und wir möchten am liebsten bei ihm sein. Vielleicht fehlt uns das raschelnde Herbstlaub oder wir möchten einfach einmal wieder einen richtig guten Sauerbraten essen. Auslöser für Heimweh gibt es viele und schon überkommt uns das heulende Elend und wir wollen einfach nur nach Hause. Wie war das noch: Das Gras ist woanders immer grüner? Und wenn es in Deutschland nun doch am allergrünsten ist?

Auch wenn es uns in der neuen Heimat noch so gut gefällt, es ist ganz normal, dass wir ab und zu von Heimweh geplagt werden. Schließlich haben wir eine ganze Menge Menschen, Freunde und Familienmitglieder dort zurückgelassen, mit denen wir uns immer noch eng verbunden fühlen und die uns sehr am Herzen liegen. Und selbst wenn wir dem Land Deutschland überhaupt nichts mehr abgewinnen können, so hat es unser Leben doch viele Jahre lang geprägt – ganz egal, ob in guter oder in schlechter Hinsicht. Diese Nabelschnur zur alten Heimat kann man nicht einfach so durchtrennen und was unsere lieben Freunde und Verwandten anbetrifft, so wollen wir das ja auch gar nicht. Also müssen wir eben versuchen, damit zu leben, dass uns mal mehr, mal weniger stark das Heimweh überkommt.

Dabei haben wir es ja heute so einfach: Denken Sie mal daran, was es vor 50 Jahren noch hieß, nach Australien oder Brasilien auszuwandern. Man war wirklich am anderen Ende der Welt: Briefe oder Pakete brauchten Wochen oder Monate, bis sie ihren Empfänger erreichten, billige Telefonanbieter gab es nicht und an E-Mail oder gar Webcams war noch gar nicht zu denken. Eine Reise in die alte Heimat bedeutete eine mehrwöchige Schiffsreise und mal schnell über Weihnachten nach Hause zu fliegen war schon gar nicht drin. Vor 50 Jahren bedeutete eine Auswanderung wirklich noch, das alte Leben völlig aufzugeben und Freunde und Familienmitglieder unter Umständen niemals mehr wieder zu sehen. Wie einfach haben wir es dagegen heute! Per E-Mail können wir schnell und einfach Kontakt zu Freunden und Verwandten halten, im Internet können wir unsere Heimatzeitung lesen und wer einigermaßen verdient, kann sich auch jedes Jahr einen Urlaub in Deutschland leisten. Deutsche Restaurants oder Spezialitätenläden haben sich in der ganzen Welt ausgebreitet und auch auf dem entlegensten Flecken der Welt findet man mindestens einen deutschen Touristen, mit dem man ein paar Worte in der Muttersprache wechseln kann. Trotz allem tröstet einen das nicht, wenn einen das Heimweh überfällt, wenn wir bestimmte Menschen vermissen oder einfach wieder einmal sehen wollen, wie die Bäume im Herbst ihre Blätter verlieren. Meist legt sich dieses Heimweh mit der Zeit und verschwindet ganz, je besser wir uns in der neuen Heimat eingelebt haben. Es kann aber auch sein, dass wir uns in der Fremde nie heimisch fühlen und uns das neue Land für immer fremd bleibt – dann kann das Heimweh so stark werden, dass Sie unter Umständen eine Rückkehr nach Deutschland in Betracht ziehen sollten.

Tipp: Ein Stück Deutschland können Sie auch im Internet finden: Der Dienst *http://www.diafor.de* bietet ständig Neuigkeiten aus der alten Heimat.

Fragen zu Problemen in der neuen Heimat

- Habe ich wirklich ein Problem mit meiner neuen Heimat oder bin ich einfach nur gestresst und genervt?..
- Falls ich ein Problem habe, lässt es sich vielleicht durch einen Umzug oder einen Jobwechsel aus der Welt schaffen?
  ....
- Beeinträchtigt das Problem meine Lebensqualität so sehr, dass ich in diesem Land eigentlich lieber doch nicht leben möchte?
  ....
- Was kann ich tun, um die Kultur meines neuen Heimatlandes besser zu verstehen?...
- Wie kann ich meine Sprachkenntnisse verbessern?...................
- Wo kann ich Einheimische kennen lernen?................................
- Wie kann ich Kontakt zu Freunden und zur Familie in der alten Heimat halten?..
- Ist meine „Katerstimmung" nach der Auswanderung „nur" eine ganz normale Ernüchterung oder eine echte Enttäuschung, mit der ich nicht fertig werden kann?...

Rückwanderung

Wer mit der Ernüchterung und mit kleinen Rückschlägen nicht fertig wird und sich in der neuen Heimat nicht einleben kann, dem steht natürlich jederzeit die Rückkehr nach Deutschland offen. Vielleicht war der Auslandsaufenthalt sowieso nur für einige Jahre geplant und Sie kommen nun voll neuer Erfahrungen nach Hause zurück. Was Sie dabei beachten müssen, können Sie in diesem Kapitel nachlesen.

Anerkennung ausländischer Bildungsabschlüsse

Haben Sie im Ausland studiert oder haben Ihre Kinder einen ausländischen Schulabschluss? Dann müssen Sie diese Abschlüsse in Deutschland anerkennen lassen. Erster Ansprechpartner hierfür ist die Zentralstelle für ausländisches Bildungswesen, die dann wiederum die jeweils zuständige Stelle – Kultusministerien oder Hochschule – berät und informiert.

Zentralstelle für ausländisches Bildungswesen im Sekretariat der Kultusministerkonferenz (KMK)
Lennéstraße 6
53113 Bonn
Tel.: 02 28/50 12 03
Fax: 02 28/50 12 29
E-Mail: *zab@kmk.org*

Aufenthaltsgenehmigung für nicht deutsche Familienmitglieder

Eine weitere wichtige Frage in diesem Zusammenhang ist, was mit Familienmitgliedern passiert, die nicht die deutsche Staatsangehörigkeit besitzen. Keine Angst, Sie müssen Ihren ausländischen Ehepartner nicht im Ausland zurücklassen – dafür ist schon gesorgt! Stammt Ihr nicht deutsches Familienmitglied aus einem Land des Europäischen Wirtschaftsraums (Länder der Europäischen Union sowie Norwegen, Island und Liechtenstein), so gilt das Recht der Personenfreizügigkeit. Angehörige dieser Staaten können in Deutschland problemlos wohnen und arbeiten. Sie müssen dazu allerdings eine Aufenthaltsgenehmigung beantragen, die jedoch reine Formsache ist und nicht verweigert werden kann.

Doch wie sieht es mit Ehepartnern aus anderen Ländern aus? Im Rahmen der Familienzusammenführung hat auch Ihr nicht deutscher Ehepartner einen Anspruch darauf, in Deutschland zu leben, wenn Sie selbst deutscher Staatsbürger sind und Ihren gewöhnlichen Aufenthalt hier haben. Er muss dann bei der zuständigen deutschen Botschaft in seiner Heimat einen Antrag auf ein Einreisevisum stellen. In der Regel sind dazu folgende Unterlagen nötig:

- Kopie der ersten Seite des gültigen Reisepasses
- Kopie des Reisepasses des deutschen Ehegatten
- Heiratsurkunde
- ausgefüllte Antragsformulare

Wenn keine Bedenken gegen die Einreise des nicht deutschen Ehepartners bestehen, dürften Sie das Visum in einigen Wochen in Händen halten. In Deutschland muss er dann bei der zuständigen Ausländerbehörde eine Aufenthaltsgenehmigung beantragen. Sie gilt zunächst für drei Jahre. Sind Sie danach immer noch verheiratet, so kann eine unbefristete Aufenthaltsgenehmigung beantragt werden.

Staatsangehörigkeit und Wiedereinbürgerung

Wie Sie bereits im Kapitel „Rechtliche Fragen“ (Seite 63ff.) gesehen haben, ist es Deutschen seit dem Jahr 2000 möglich, zwei Pässe und damit eine doppelte Staatsbürgerschaft zu besitzen – vorausgesetzt, das Zweitland akzeptiert ebenfalls einen Doppelpass. Grundsätzlich empfiehlt es sich, die deutsche Staatsangehörigkeit beizubehalten, denn schließlich halten Sie sich damit auch das Hintertürchen offen, jederzeit ohne Probleme nach Deutschland zurückkehren zu können. Allerdings kann es in diesem Fall passieren, dass Sie Ihre ausländische Staatsbürgerschaft wieder aufgeben müssen.

Was ist aber mit Personen, die die Staatsangehörigkeit eines Landes angenommen haben, das keine doppelte akzeptiert? Oder die sich endlich als „richtige" Amerikaner, Australier, Südafrikaner usw. fühlen wollten und sich in ihrem Frust über die alte Heimat nur allzu gern von ihrem deutschen Pass getrennt haben? Diese Personen müssen bei der deutschen Botschaft in ihrem Noch-Heimatland einen Antrag auf Wiedereinbürgerung stellen, um ihre deutsche Staatsangehörigkeit zurückzubekommen. Er wird dann vom Bundesverwaltungsamt genehmigt – oder auch abgelehnt. Für sie gelten nämlich nun dieselben Bedingungen wie für alle anderen, die die deutsche Staatsbürgerschaft erlangen wollen. Sind sie also zum Beispiel im Ausland straffällig geworden, so kann das Bundesverwaltungsamt ihren Antrag ablehnen, auch wenn Sie schon einmal Deutsche waren.

In der Regel müssen sie folgende Bedingungen erfüllen, um Ihre deutsche Staatsangehörigkeit wiederzuerlangen:

- Sie müssen in der Lage sein, in Deutschland selbst für Ihren Lebensunterhalt aufzukommen.
- Sie müssen eine bestehende Kranken- und Pflegeversicherung nachweisen.
- Sie müssen gute Kenntnisse in der deutschen Sprache besitzen.
- Sie müssen Bindungen an Deutschland haben, zum Beispiel weil Sie früher schon hier gelebt haben oder enge Verwandte in Deutschland haben.

- Sie müssen sich zur freiheitlich-demokratischen Grundordnung bekennen.

Die Gebühr für die Wiedereinbürgerung beträgt derzeit 250,- Euro, falls Ihr Antrag abgelehnt wird, müssen Sie „nur" 190,- Euro bezahlen.

Und noch etwas: Wenn Sie aus einem Land, das keine doppelte Staatsbürgerschaft akzeptiert, nach Deutschland zurückkommen und sich wiedereinbürgern lassen, so verlieren Sie damit natürlich auch die Staatsbürgerschaft Ihres vorübergehenden Gastlandes.

Finanzielle Unterstützung

Nun kehren Sie also nach ein paar Jahren Auslandsaufenthalt wieder nach Deutschland zurück und wie immer ist das Geld knapp. Einen Job finden Sie leider auch nicht gleich – was also tun? Welche finanziellen Hilfen können Sie in Anspruch nehmen?

Arbeitslosengeld erhalten Sie nur, wenn Sie in den letzten drei Jahren, bevor Sie sich arbeitslos melden, mindestens zwölf Monate Beiträge zur Arbeitslosenversicherung gezahlt haben. Bei einem längeren Auslandsaufenthalt werden Sie diese Voraussetzung wohl leider nicht erfüllen können.

Reichen Ihre eigenen Mittel nicht aus, um Ihren Lebensunterhalt zu bestreiten, so haben Sie wie alle anderen Deutschen auch einen gesetzlichen Anspruch auf Sozialhilfe. Allerdings wird diese nur gewährt, wenn Sie kein eigenes Vermögen oder Einkommen haben und niemand Ihnen gegenüber zu Unterhaltszahlungen verpflichtet ist. Außerdem müssen Sie dazu beitragen, schnell wieder aus Ihrer Notlage herauszukommen – sprich: Sie dürfen zumutbare Arbeiten nicht ablehnen.

Wenn Sie Kinder haben, so haben Sie – sofern Ihre Kinder in Deutschland leben oder sich in einem Land des europäischen Wirtschaftsraumes aufhalten – Anspruch auf Kindergeld.

Sozialversicherungen

Wer aus dem Ausland nach Deutschland zurückkehrt, will natürlich so schnell wie möglich wieder den Schutz des deutschen Sozialsystems genießen. Personen, die vor der Auswanderung Mitglied einer gesetzlichen Krankenversicherung waren, können automatisch wieder in ihre alte Krankenkasse aufgenommen werden, wenn sie innerhalb von zwei Monaten nach ihrer Rückkehr ein Beschäftigungsverhältnis eingehen. Auch wer noch Anspruch auf Leistungen aus der Sozialversicherung (insbesondere Arbeitslosengeld oder -hilfe) hat, kann in seine alte Krankenkasse zurückkehren. Dieser Anspruch gilt bis maximal vier Jahre nach der Auswanderung. Ist mehr Zeit seit Ihrer Auswanderung vergangen, so können Sie sich unter Umständen nur über die Sozialhilfe gesetzlich krankenversichern – es sei denn, Sie haben während Ihrer Zeit im Ausland freiwillig Beiträge zu Ihrer Krankenversicherung gezahlt. Dann sind Sie natürlich auch weiterhin Mitglied dieser Krankenkasse.

Mitglieder einer privaten Krankenversicherung können vor ihrer Auswanderung eine so genannte Anwartschaftsversicherung abschließen, die ihnen im Falle einer Rückkehr die Wiederaufnahme in die bisherige Versicherung garantiert. Kündigen Sie Ihre private Krankenversicherung also erst, wenn Sie sich hundertprozentig sicher sind, dass Sie auch im Ausland bleiben werden.

Mit der Aufnahme einer Beschäftigung zahlen Sie auch wieder ganz normal Ihre Beiträge zur gesetzlichen Rentenversicherung. Wer nicht gleich einen Job findet, kann auch freiwillig Beiträge leisten.

Tipp: Auskunft über alle Fragen rund um eine Rückwanderung erteilen die Beratungsstellen des Raphaels-Werkes (Adressen siehe Anhang Seite 190 ff.).

Fragen zur Rückwanderung

- Habe ich ausländische Abschlüsse erworben, die ich in Deutschland anerkennen lassen muss?..
- Habe ich eventuell nicht deutsche Familienmitglieder, die eine Aufenthaltsgenehmigung beantragen müssen?......................................
- Habe ich meine deutsche Staatsangehörigkeit beibehalten oder muss ich mich wiedereinbürgern lassen?..
- Kann ich Arbeitslosengeld beantragen?..
- Kann ich in meine alte Krankenversicherung zurückren?.....................
- Möchte ich freiwillig Beiträge zur Rentenversicherung zahlen?...

Die beliebtesten Auswanderungsländer

Dieses Kapitel stellt Ihnen die beliebtesten Auswanderungsländer ein wenig näher vor: mit einem Kurzporträt, einigen Informationen zur wirtschaftlichen und politischen Lage und zu den wichtigsten Einwanderungsbestimmungen. Auch Adressen und Internetseiten, unter denen Sie sich weitere Informationen beschaffen können, finden Sie hier.

Die bevorzugten Ziele

Immer mehr Menschen wollen auswandern, doch wohin zieht es sie eigentlich? Sind die klassischen Auswanderungsländer wie die USA, Kanada, Australien oder Neuseeland immer noch gefragt oder liegen Mitgliedsländer der Europäischen Union vorn? Eine Umfrage der Website *http://www.auswandern-aktuell.de* aus dem Frühjahr 2003 hat Folgendes ergeben:

Welchen Kontinent bevorzugen Sie?	
Europa	32,7 Prozent
Südamerika	19,8 Prozent
Nordamerika	16,3 Prozent
Australien	11,3 Prozent
Asien	10,9 Prozent
Afrika	9,0 Prozent

Die Top Ten der Wunschländer:
1. Kanada
2. Australien
3. Schweiz
4. Neuseeland
5. Spanien
6. Österreich
7. USA
8. Brasilien
9. Großbritannien
10. Südafrika

Diese Länder werden wir nun etwas genauer unter die Lupe nehmen – in alphabetischer Reihenfolge mit Informationen über jedes Land:

- Steckbrief
- politisches System
- Sozialsystem
- Wirtschaft
- Einwanderungsbestimmungen
- Gebühren und Bearbeitungsdauer
- weitere Informationen

Anders aufgebaut ist lediglich der Abschnitt über die Länder der Europäischen Union.

Australien

Australien ist neben Kanada das zweite große Traumland von Auswanderern aus aller Welt. Vor allem die unberührte Natur und eine bessere Lebensqualität ziehen die Menschen nach Downunder. In unserer Vorstellung dominieren die Bilder vom menschenleeren Inneren des Kontinents, von der roten Erde und der unermesslichen Weite des Landes, vom Ayers Rock, von Kängurus und Koalas – denn das sind die Themen zahlreicher Medienberichte über den fünften Kontinent. Doch ist Australien eines der Länder mit dem größten Anteil an Stadtbevölkerung – mehr als 85 Prozent der Einwohner leben in Großstädten wie Sydney, Melbourne oder Brisbane.

Auf Grund der gewaltigen Ausmaße des Landes ist es unmöglich, ein einheitliches Klima auszumachen. Grob gesagt lassen sich in etwa folgende Unterschiede feststellen: Im Norden des Landes herrscht vorwiegend tropisches Klima, im Landesinneren Wüstenklima und je weiter man in den Süden vordringt, desto gemäßigter wird es. Im Winter kann hier sogar Schnee fallen – Australien ist also keineswegs nur heiß und trocken, wie wir das gern glauben möchten.

Nach dem Zweiten Weltkrieg verfolgte Australien bis in die 70er Jahre hinein eine sehr liberale Einwanderungspolitik und die Bevölkerungszahl wuchs kräftig. So entstand eine multikulturelle Gesellschaft, die zwar immer noch europäisch geprägt ist, in der jedoch Menschen mit Wurzeln in über 200 Ländern eine neue Heimat gefunden haben. Der Anteil der Ureinwohner Australiens, der Aborigines, beträgt lediglich ca. 1,6 Prozent an der Gesamtbevölkerung.

Heute ist das „lucky country" wählerisch geworden und hat mit die kompliziertesten Einwanderungsgesetze auf der ganzen Welt. Wer sein Glück trotzdem versuchen will, erhält in diesem Abschnitt die wichtigsten Informationen.

Steckbrief

Offizieller Name: Commonwealth of Australia (AUS)
Fläche: 7.682.300 km^2 (Weltrang 6)
Bevölkerungszahl: 19,5 Millionen
Bevölkerungsdichte: 2 Personen / km^2
Hauptstadt: Canberra (310.000 Einwohner)
Staatsform: parlamentarische Monarchie im Commonwealth seit 1901
Staatsoberhaupt: Königin Elizabeth II., vertreten durch einen einheimischen Generalgouverneur
Verwaltung: sechs Bundesstaaten (New South Wales, Victoria, Queensland, South Australia, Tasmania, Western Australia) und zwei Territorien (Northern Territory, Australian Capital Territory)
Amtssprache: Englisch
Währung: 1 australischer Dollar ($A) = 100 Cents
Nationalfeiertag: 26. Januar (Eintreffen der ersten weißen Siedler im Jahre 1788)
Konfessionen: Christen (68 Prozent), Muslime (1,5 Prozent), religionslos (25 Prozent), Sonstige (5,5 Prozent)
Größte Städte: Sydney (3,9 Mio. Einwohner), Melbourne (3,3 Mio.), Brisbane (1,5 Mio.), Perth (1,3 Mio.), Adelaide (1,1 Mio.)
Durchschnittliches Bruttosozialprodukt je Einwohner: ca. 19.900,- US-Dollar
Arbeitslosigkeit: 6,1 Prozent

Politisches System

Das australische Parlament besteht aus dem Repräsentantenhaus mit 148 auf drei Jahre gewählten Mitgliedern und dem Senat, der 76 Mitglieder (je zwölf pro Bundesstaat und zwei je Territorium) hat. Diese werden auf sechs Jahre gewählt, allerdings finden alle drei Jahre Neuwahlen für die Hälfte der Mitglieder statt. Darüber hinaus verfügt jeder Bundesstaat über ein eigenes Parlament, das für regionale Belange zuständig ist. Die wichtigsten Parteien sind Liberal Party, National Party, Australian Labour Party und die Country Liberal Party.

Sozialsystem

Die *medizinische Versorgung* wird größtenteils über das Versicherungssystem *Medicare* gewährleistet, das sich aus Beiträgen finanziert, die vom Arbeitslohn abgezogen werden. Eine private Zusatzversicherung ist empfehlenswert, da bestimmte Kosten, zum Beispiel für Medikamente und Zahnbehandlungen, nicht übernommen werden. Im Ausland bekannt sind die Flying Doctors, die die medizinische Versorgung im Outback aufrechterhalten. Auch sie werden von Medicare getragen.

Die *Altersrente* wird dagegen allein aus Steuereinnahmen finanziert. Deshalb fällt sie auch relativ bescheiden aus und da Australien wie viele Industrienationen mit zunehmender Überalterung zu kämpfen hat, ist eine zusätzliche private Altersvorsorge sehr zu empfehlen.

Außerdem haben Australier Anspruch auf *Kranken-* und *Arbeitslosengeld* sowie auf Beihilfen für Bedürftige. Einwanderer müssen jedoch mindestens ein halbes Jahr im Lande sein, bevor sie in den Genuss dieser Leistungen kommen können.

Die *gesetzliche Arbeitszeit* liegt zwischen 35 und 40 Stunden pro Woche, außerdem haben australische Arbeitnehmer Anspruch auf drei, manchmal auch vier Wochen bezahlten Urlaub. Darüber hinaus gibt es rund zehn bezahlte Feiertage.

Wirtschaft

Australien hat sich von einem reinen Rohstoffexporteur (Produkte aus Landwirtschaft und Bergbau) zu einer bedeutenden Industrienation entwickelt, die unter anderem Kfz-Teile, Computer-Soft- und -Hardware sowie hoch spezialisierte medizinische und technische Geräte in alle Welt exportiert.

Traditionelle Grundlage der australischen Wirtschaft ist die Landwirtschaft, darunter vor allem die Viehzucht. Wichtigster Faktor ist hier wiederum die Schafhaltung, die Australien zum größten Wollexporteur der Welt werden ließ. Außerdem werden Weizen, Zuckerrohr, Kartoffeln, Mais und Gemüse angebaut. Großen Schaden richtete jedoch die lange Dürreperiode 2002 an, die viele Farmer in den Ruin trieb. Anfang 2003 musste Australien das erste Mal seit der Unabhängigkeit wieder Weizen aus Großbritannien importieren, um seinen Eigenbedarf zu decken.

Außerdem ist Australien mit einem reichen Vorrat an Bodenschätzen gesegnet, darunter Kohle, Zink, Nickel, Gold und Eisenerz. Umfangreiche Erdöl-, Erdgas- und Uranreserven garantieren die Energieversorgung des Landes. In jüngster Zeit erlebte daher die industrielle Entwicklung einen Aufschwung, bedeutende Industriezweige sind Eisen- und Stahlindustrie, Aluminiumindustrie, Autoproduktion sowie chemische und Elektroindustrie.

Wie in den meisten Industrieländern spielt heute der Dienstleistungssektor die wichtigste Rolle in der wirtschaftlichen Entwicklung des Landes. Er hat einen Anteil von rund 70 Prozent an der gesamten Wirtschaftsleistung Australiens.

Einwanderungsbestimmungen

Die australische Einwanderungsbehörde legt jedes Jahr aufs Neue fest, wie viele Neubürger das Land aufnehmen wird. Für 2002/2003 lag die

Zahl bei 110.000 – also nicht gerade hoch. Für Auswanderer aus Deutschland sind vor allem *zwei Visumskategorien* von Bedeutung:

- die unabhängige Einwanderung (Skilled Independent Class)
- die Familienzusammenführung (Family Migration).

Darüber hinaus gibt es noch Visa für Geschäftsleute (Business Skills), die auch innerhalb Australiens beantragt werden können.

Eine reine Arbeitserlaubnis für Australien gibt es nicht, Bewerbungen werden nur für bestimmte Visumsklassen entgegengenommen. Wenn das jeweilige Visum eine Arbeitsaufnahme nicht verbietet, dürfen Sie legal in Australien beschäftigt sein.

In der **Skilled Independent Class** entscheidet ein Punktesystem darüber, ob Ihr Einwanderungsantrag genehmigt wird oder nicht. Mit diesem Programm sollen Personen nach Australien geholt werden, die das Wachstum der australischen Wirtschaft fördern, und danach richtet sich auch die Punktevergabe. So gibt es Punkte für Kriterien wie Alter, Sprachkenntnisse, Schul- und Ausbildung, Beruf, Berufserfahrung sowie eventuelle Bürgen. Derzeit beträgt die erforderliche Mindestzahl 115 Punkte. Wer sie nicht erreicht, kann sich auf eine Warteliste setzen lassen. Wenn sich die Mindestpunktezahl ändert oder die Einwanderungsquoten erhöht werden, können Sie auch später noch zum Zuge kommen. Insgesamt wird Ihr Antrag dann noch drei weitere Male geprüft, bevor er gegebenenfalls endgültig abgelehnt wird.

Ihre Chance auf einen positiven Bescheid erhöht sich erheblich, wenn Ihr Beruf auf der Liste gesuchter Berufe (Migration Occupations in Demand List) aufgeführt ist. Welche das in Australien vorrangig sind, ändert sich je nach Arbeitsmarktlage ständig, momentan gehören dazu vor allem medizinische und handwerkliche Berufe. Die aktuelle Version der Occupations in Demand List können Sie im Internet unter *http://www.immi.gov.au/migration/skilled/modl.htm* einsehen.

Auch ein Arbeitsangebot aus Australien kann Ihre Chancen verbessern, doch enthalten die meisten Stellenanzeigen den Zusatz „for Australian residents only.“ Will ein Arbeitgeber Sie trotzdem beschäftigen, so muss er in einem komplizierten Verfahren nachweisen, dass er die Stelle nicht mit einem Australier besetzen konnte – meistens hat es also keinen Sinn, sich auf eine solche Anzeige zu bewerben.

Um in der Skilled Independent Class nach Australien einwandern zu können, müssen Sie außerdem einen Nachweis über den bestandenen IELTS Sprachtest erbringen, der beim British Council abgelegt werden kann. Für einige Berufe, etwa im Medizinbereich, benötigen Sie auch einen fachspezifischen Sprachtest.

In seltenen Fällen ist es möglich, dass eine australische Firma Ihre Einwanderung sponsert – **Employer Nomination.** Voraussetzung hierfür ist, dass sie von der Einwanderungsbehörde als Sponsor anerkannt ist (der Ein-Mann-Frühstücksdienst eines Freundes wird hier wohl in der Regel nicht darunter fallen). Außerdem muss Ihr Arbeitgeber wiederum nachweisen, dass er die Stelle nicht mit einem Australier besetzen konnte. Unter diesen Bedingungen ist es sehr schwierig, einen Sponsor zu finden, zumal Sie als Deutscher ja auch noch einen sprachlichen Nachteil gegenüber einem Australier haben. Außerdem ist ein solcher Aufenthalt zeitlich begrenzt, Sie erhalten dann ein so genanntes Sponsored Temporary Resident Visa, nach dessen Ablauf Sie wieder nach Hause zurückkehren müssen.

Die Kategorie **Family Migration** ist Einwanderern vorbehalten, die nahe Verwandte in Australien haben. Dazu zählen

- Ehepartner oder Verlobte (Partner Migration)
- unmündige Kinder (Child Migration)
- Eltern (Parent Migration)

- unabhängige Kinder, Brüder, Schwestern, Nichten oder Neffen (Other Family Migration)

Diese Verwandten müssen dann eine Bürgschaft für den Neu-Einwanderer übernehmen, das bedeutet, dass sie innerhalb der ersten zwei Jahre für alle Sozialleistungen aufkommen müssen, die der Neubürger eventuell bezieht. Unabhängig davon ist auch in dieser Kategorie ein Punktetest nötig.

Selbstständige, die in Australien ein Unternehmen mit australischen Arbeitskräften gründen wollen, können mit dem Programm **Business Skills** nach Australien einwandern. Dazu müssen sie allerdings mindestens 250.000,- australische Dollar Eigenkapital, einen Geschäftsplan sowie eine gute berufliche oder akademische Qualifikation vorweisen. Diese Faktoren werden ebenfalls wiederum nach einem Punktesystem bewertet.

Generell gilt für alle, die nach Australien einwandern wollen, dass sie in einem guten Gesundheitszustand sein und über einen makellosen Leumund verfügen müssen.

Tipp: All diejenigen, die ihre Chancen erst einmal abklären oder auch erhöhen möchten, sollten einen Einwanderungsberater oder einen auf Einwanderungsrecht spezialisierten Anwalt zu Rate ziehen. Sie kennen die jeweiligen Vorlieben der Behörden und können Ihnen so allerlei Ratschläge geben. Eine Liste seriöser Einwanderungsberater finden Sie im Internet unter *http://www.themara.com.au* (Migration Agent Registration Authority).

Gebühren und Bearbeitungsdauer

Die Gebühren für die Antragstellung betragen derzeit 900,- Euro, die Sie auch nicht zurückbekommen, wenn der Antrag abgelehnt wird. Die Bearbeitung kann bis zu 18 Monaten dauern.

Weitere Informationen

Adressen:

Australische Botschaft
Wallstraße 76-79
10179 Berlin
Tel.: 0 30/88 00 88-0
Fax: 0 30/88 00 88-210
E-Mail: *info@australian-embassy.de*
Internet: *http://www.australian-embassy.de*

Deutsch-Australische Handelskammer
Level 10, 39-41 York St
Sydney NSW 2000
Australien
Tel.: 00 61/2/82 96 04 00
Fax: 00 61/2/82 96 04 11
E-Mail: *info@germany.org.au*
Internet: *http://www.germany.org.au*

Australia Service
Dachauer Straße 109
80335 München
Tel.: 0 89/5 42 83 91
Fax: 0 89/52 31 54 87
E-Mail: *visum@australiashop.com*
Internet: *http://www.australiashop.com*

Australian-German Welfare Society Inc.
4th Floor
24 Albert Road

South Melbourne VIC 3205
Australia
Tel.: 00 61/3/96 96 09 07
Fax: 00 61/3/96 96 09 88
E-Mail: *contact@germanwelfare.org.au*
Internet: *http://www.germanwelfare.org.au*

Internetseiten:
http://www.australien-info.de/daten-auswandern.html
http://www.australien-team.de
http://www.australien-gala.de
http://www.immi.gov.au

Seiten der australischen Einwanderungsbehörde
http://www.immi.gov.au/migration/skilled/modl.htm : Occupations in Demand List

Brasilien

Ein Leben unter dem Zuckerhut ist der Traum so manch eines deutschen Auswanderers. Brasilien lockt einerseits mit den Megastädten São Paolo oder Rio de Janeiro, andererseits mit Naturschönheiten wie dem Regenwald im Amazonasgebiet oder den Iguazú-Wasserfällen, den größten und breitesten Wasserfällen der Welt.

Rund 90 Prozent der Landesfläche wird von tropischem Klima beherrscht, darüber hinaus findet man hier jedoch noch vier weitere Klimazonen – es gibt also große Unterschiede zwischen einzelnen Regionen. Da Brasilien auf der Südhalbkugel liegt, sind die Jahreszeiten den unseren entgegengesetzt.

Nachdem das Land zunächst hauptsächlich von portugiesischen Einwanderern besiedelt wurde, ließen sich in der ersten Hälfte des 20. Jahrhundert auch Menschen aus West-, Mittel- und Osteuropa in Brasilien nieder. Rund fünf Millionen Brasilianer haben deutsche Wurzeln, bevorzugt siedelten sich deutsche Einwanderer im Süden und Südosten des Landes an. Insgesamt setzt sich die brasilianische Bevöl-kerung wie folgt zusammen: 53 Prozent Weiße (darunter 15 Prozent portugiesischer, elf Prozent italienischer, zehn Prozent spanischer und drei Prozent deutscher Herkunft), 34 Prozent Mulatten und Mestizen, elf Prozent Schwarze sowie zwei Prozent Sonstige.

Steckbrief

Offizieller Name: República Federativa do Brasil (BR)
Fläche: 8.547.404 km^2 (Weltrang 5)
Bevölkerungszahl: 174 Millionen
Bevölkerungsdichte: 21 Personen / km^2
Hauptstadt: Brasília (2 Mio. Einwohner)
Staatsform: Bundesrepublik seit 1988
Verwaltung: 26 Bundesstaaten und Hauptstadt-Bundesdistrikt
Amtssprache: Portugiesisch
Währung: 1 Real (R$) = 100 Centavos
Nationalfeiertag: 7. September (Unabhängigkeitstag)
Größte Städte: São Paolo (9,8 Mio. Einwohner), Rio de Janeiro (5,5 Mio.), Salvador (2,2 Mio.), Belo Horizonte (2,1 Mio.), Fortaleza (1,9 Mio.)
Konfessionen: Katholiken (74 Prozent), Protestanten (15 Prozent), Buddhisten, Muslime, religionslos (7 Prozent)
Durchschnittliches Bruttosozialprodukt je Einwohner: ca. 3.070,- US-Dollar
Arbeitslosigkeit: 10,5 Prozent

Politisches System

Die ehemalige portugiesische Kolonie erlangte ihre Unabhängigkeit 1822. In der Folgezeit durchlebte Brasilien eine Reihe verschiedener Staatsformen – bis 1889 war es zum Beispiel Monarchie – und hatte wiederholt mit Militärputschen und autoritären Regimes zu kämpfen. Seit 1988 besitzt das südamerikanische Land eine demokratische Verfassung. Das Parlament (Congresso nacional) besteht aus dem Abgeordnetenhaus (Camara dos Deputados) und dem Senat (Senado Federal). Die 513 Abgeordneten werden für vier Jahre gewählt, die 81 Senatsangehörigen für acht Jahre. Das Staatsoberhaupt wird alle vier Jahre direkt gewählt und kann nur einmal wiedergewählt werden. Für Brasilianer zwischen 18 und 69 Jahren besteht Wahlpflicht. Die wichtigsten Parteien sind: Partido do Movimento Democrático Brasileiro, Partido da Frente Liberal, Partido da Social-Democracia Brasileira, Partido Progressista Reformador und die Partido dos Trabalhadores (Arbeiterpartei).

Neben dieser nationalen Regierung verfügt jeder der 26 Bundesstaaten über eine eigene Legislative, Judikative und Exekutive, an deren Spitze jeweils ein Gouverneur steht.

Sozialsystem

Die brasilianische Sozialgesetzgebung ist theoretisch sehr fortschrittlich, wird in der Praxis jedoch nicht adäquat umgesetzt. So ist die *gesetzliche Arbeitszeit* zum Beispiel auf 44 Stunden pro Woche festgelegt und die Arbeitnehmer haben ein Recht auf ein dreizehntes Monatsgehalt, bezahlten Urlaub und Überstundenausgleich. Diese Rechte können sie allerdings nur dann einklagen, wenn sie auch einen Arbeitsausweis haben – und das trifft nur bei etwa der Hälfte der Arbeitnehmer zu.

Von ihrem Gehalt müssen Brasilianer einen hohen Prozentsatz an die Sozialversicherung abgeben, darunter auch *Renten-* und *Arbeits-*

losenversicherung, erhalten dafür aber oft nur mangelhafte Leistungen. Deshalb ist Neubürgern eine zusätzliche private Absicherung zu empfehlen.

Dies ist auch bei der *Krankenversicherung* zu raten, denn das brasilianische Gesundheitssystem ist in starkem Maße privatisiert. So befinden sich etwa rund die Hälfte aller Krankenhausbetten in privaten Kliniken – und für ein solches Bett muss man bekanntlich etwas tiefer in die Tasche greifen. Wer es sich leisten kann – und sich zusätzlich privat absichert –, kann zumindest in den Städten eine akzeptable medizinische Versorgung erwarten.

Wirtschaft

Brasilien ist nicht nur das größte, sondern auch das wirtschaftlich bedeutendste Land Südamerikas. Das verdankt es unter anderem seinem großen Vorrat an Bodenschätzen – Brasilien ist der größte Eisenerzexporteur der Welt. Außerdem werden hier Bauxit, Gold, Mangan, Titan, Kupfer und Zinn abgebaut.

Die natürliche und die klimatische Beschaffenheit des Landes bieten auch gute Bedingungen für eine erfolgreiche Landwirtschaft. Rund 25 Prozent der Bevölkerung sind in diesem Sektor tätig. Angebaut werden unter anderem Tabak, Mais und Baumwolle. Wichtigste Exportgüter sind Kaffee, Kakao, Sojabohnen, Zucker, Orangensaft, Geflügel und Rindfleisch. Doch auch die herstellende Industrie spielt eine wichtige Rolle für die wirtschaftliche Bedeutung des Landes. Auf sie entfallen etwa 20 Prozent der Arbeitsplätze. Wesentliche Industriezweige sind der Maschinen- und der Autobau, die Nahrungsmittelindustrie, Textil- und Schuherzeugung sowie die Metallverarbeitung. Die Industrie hat sich hauptsächlich im Südosten des Landes angesiedelt.

Im Jahre 1991 gründete Brasilien zusammen mit Argentinien, Paraguay und Uruguay die Zollunion Mercosur. Durch die Abschaffung der Binnenzölle, gemeinsame Außenzölle und den freien Warenverkehr sollte ein gemeinsamer Markt geschaffen werden, doch wurde dieses große Ziel bisher leider noch nicht erreicht. Ein Grund hierfür ist die geringe Wettbewerbsfähigkeit der Erzeugnisse, so dass ein Handel hauptsächlich innerhalb der Mercosur-Länder stattfindet. Fast die Hälfte der brasilianischen Bevölkerung lebt nach wie vor an der Armutsgrenze.

Einwanderungsbestimmungen

Ausländische Arbeitnehmer können zunächst einmal eine *zeitlich begrenzte* Arbeitsaufnahme (Visto Temporário V) beantragen, die ihnen gestattet, bis zu zwei Jahre in Brasilien zu leben und zu arbeiten. Dieses Visum kann in Brasilien noch verlängert werden, wenn Sie 30 Tage vor Ablauf bei der zuständigen Bundespolizei den entsprechenden Antrag stellen.

Voraussetzung für dieses Visum ist ein Arbeitsvertrag mit einer brasilianischen Firma oder einem Verwaltungsorgan des Staates, des Bundes oder einer Kommune. Den Antrag auf Arbeitserlaubnis stellt dann Ihr zukünftiger Arbeitgeber bei der zuständigen Behörde CGIg (Coordenação Geral de Imigração do Ministério de Trabalho – Koordinationsstelle für Einwanderungsfragen im Brasilianischen Einwanderungsministerium).

Halten Sie Ihre Arbeitserlaubnis erst einmal in Händen, so wird Ihnen auch das entsprechende Visum ausgestellt. Dazu brauchen Sie außerdem:

- Ihren Reisepass, der noch mindestens sechs Monate gültig sein muss

- zwei Antragsformulare (bei der brasilianischen Botschaft erhältlich), die Sie in englischer oder portugiesischer Sprache ausfüllen müssen
- zwei gleiche Fotos im Format 3 x 4 Zentimeter
- ein polizeiliches Führungszeugnis, das nicht älter als drei Monate sein darf, und 23,- Euro für die Legalisierung
- die Visumsgebühr von 115,- Euro

Darüber hinaus gibt es eine Arbeitserlaubnis in Verbindung mit einem *Dauervisum*, die jedoch nur für ausländische Investoren in Frage kommt. Ein solcher Investor muss mindestens 200.000,- US-Dollar in Brasilien investieren. Dieses Mindestkapital kann unter Umständen unterschritten werden, wenn das Investitionsvorhaben mindestens zehn neue Arbeitsplätze schafft. Neben dem Antrag auf die Erteilung eines Dauervisums müssen folgende Unterlagen vorgelegt werden:

- Gesellschaftsvertrag bzw. Gründungsurkunde des Unternehmens, in das investiert werden soll
- genaue Angaben zum Investitionsvorhaben und über die Zahl der neu entstehenden Arbeitsplätze
- eine von der brasilianischen Zentralbank ausgestellte Bescheinigung über den Eingang des Investitionskapitals

Außerdem kann das brasilianische Arbeitsministerium noch weitere Unterlagen und Dokumente verlangen.

Auch wenn sich das nun erteilte Visum Dauervisum nennt, gilt es zunächst einmal nur für zwei Jahre. Nach Ablauf dieser Frist muss der Investor belegen, dass sich sein Investitionsvorhaben weiterentwickelt hat und tatsächlich Arbeitsplätze für Brasilianer geschaffen wurden. Ist dies nicht der Fall, so wird das Visum nicht verlängert.

Weitere Einwanderungsmöglichkeiten bestehen für Rentner, die das 60. Lebensjahr vollendet haben und nachweisen können, dass sie über monatliche Einkünfte von mindestens 2.000,- US-Dollar verfügen. Ehepartner oder Eltern brasilianischer Staatsbürger können ohne weitere Anforderungen ein Dauervisum beantragen, sofern ihre Angehörigen in Brasilien leben.

Jeder Ausländer, der nicht mit einem Touristenvisum nach Brasilien eingereist ist, muss sich innerhalb von 30 Tagen bei der Bundespolizei melden, um einen Personalausweis für Ausländer (Cédula de Identidade de Estrangeiro) zu beantragen. Dieser ist nach etwa 90 Tagen ausgestellt und muss vom Antragsteller persönlich unterschrieben und abgeholt werden. Dabei muss er auch seine Fingerabdrücke abgeben.

Gebühren und Bearbeitungsdauer

Für das Visto Temporário V ist eine Gebühr von 115,- Euro fällig. Die Bearbeitung dauert drei Arbeitstage.

Weitere Informationen:

Botschaft der Föderativen Republik Brasilien
Wallstraße 57
10179 Berlin
Tel.: 0 30/72 62 80
Fax: 0 30/72 62 83 20
E-Mail: *brasil@brasemberlim.de*
Internet: *http://www.brasilianische-botschaft.de*

Auslandshandelskammern:
Cámara de Comércio e Indústria
Brasil-Alemanha do Rio Grande do Sul
Rua Dr. Floréncio Ygartua 70
90430-010 Porto Alegre RS

Tel.: 00 55/51/32 22 57 66
Fax: 00 55/51/32 22 55 56
E-Mail: *ahkpoa@ahkpoa.com.br*
Internet: *http://www.ahkpoa.com.br*

Cámara de Comércio e Indústria
Brasil-Alemanha do Rio de Janeiro
Avenida Graca Aranha, 1
20030-002 Rio de Janeiro - RJ
Tel.: 00 55/21/22 24 21 23
Fax: 00 55/21/22 52 77 58
E-Mail: *info@ahk.com.br*
Internet: *http://www.ahk.com.br*

Deutsch-Brasilianische Industrie- und Handelskammer
Rua Verbo Divino 1488
04719-904 Sao Paulo SP
Brasil
Tel.: 00 55/11/51 81 06 77
Fax: 00 55/11/51 81 70 13
E-Mail: *ahkbrasil@ahkbrasil.com*
Internet: *http://www.ahkbrasil.com*

Länder der Europäischen Union

Wenn wir den Begriff Auswandern hören, so denken wir zumeist an ferne Länder wie Australien, Kanada und die USA oder an ein Leben unter Palmen fernab von Stress und Hektik des modernen Alltags. Einen Großteil der Menschen, die Deutschland den Rücken kehren, zieht es jedoch nicht auf die andere Seite der Erde, sondern in unsere europäischen Nachbarländer. Sie sind uns vertraut, denn schließlich sind sie ja „gleich um die Ecke“ und wir haben im Laufe unseres Lebens bereits zahlreiche Urlaubsreisen nach Mallorca oder an die Adria oder Städtetrips nach Paris, London oder Rom unternommen. In vielen Ländern müssen wir uns seit dem Jahr 2002 nicht einmal mehr mit einer anderen Währung herumschlagen, sondern können mit unserem mehr oder weniger geliebten Euro bezahlen. Und auch in rechtlicher Hinsicht ist Europa zusammengewachsen: EU-Bürger haben das Recht auf Personenfreizügigkeit innerhalb der Mitgliedstaaten und dürfen bei der Arbeitsplatzsuche nicht auf Grund ihrer Staatsangehörigkeit diskriminiert werden. Was liegt also näher, als in einem Land der Europäischen Union sein neues Glück zu suchen? Und alle die, die vom europäischen Wetter die Nase voll haben, können sich zum Beispiel auf die Niederländischen Antillen oder in die französischen Überseedepartements wie Martinique oder Guadeloupe begeben – Europa hat eben viel zu bieten, sogar ein Leben unter Palmen!

Das Rechtssystem der Europäischen Union

Als Bürger der Europäischen Union haben Sie eine ganze Reihe von Rechten, die Ihnen das Leben in einem anderen Mitgliedstaat erleichtern. Dazu gehören:

- der freie Personenverkehr oder auch das „Recht auf Freizügigkeit“
- die Niederlassungsfreiheit
- die Dienstleistungsfreiheit
- der freie Warenverkehr
- der freie Kapital- und Zahlungsverkehr
- das Diskriminierungsverbot, nach dem niemand auf Grund seiner Staatsangehörigkeit diskriminiert werden darf

Diese Freiheiten sind in den Gründungsverträgen der EU festgelegt.

Das Recht auf Freizügigkeit

Es erlaubt den Bürgern der EU-Mitgliedsländer grundsätzlich, in jedem Land der EU zu leben und zu arbeiten. EU-Bürger genießen also ein Aufenthaltsrecht in allen Mitgliedstaaten, vorausgesetzt sie verfügen über ein Einkommen, das über dem örtlichen Sozialhilfesatz liegt, sind also in der Lage, ihren Lebensunterhalt selbst zu bestreiten. Welche Formalitäten damit verbunden sind, hängt von der Dauer des geplanten Aufenthalts ab. Bei weniger als drei Monaten genügt ein gültiger Personalausweis oder ein Reisepass, bei einem Aufenthalt zwischen drei Monaten und einem Jahr erhalten Sie eine befristete Aufenthaltsgenehmigung. Wer länger bleiben will – und das wird bei Ihnen als Auswanderer ja der Fall sein –, muss bei der zuständigen Behörde, zum Beispiel beim Einwohnermeldeamt, einem Polizeirevier oder einer Präfektur, eine Aufenthaltserlaubnis beantragen. Als EU-Bürger haben Sie ein Anrecht auf diese Erlaubnis und Sie dürfen auch schon in Ihrer neuen Heimat leben und arbeiten, bevor sie Ihnen ausgestellt wurde. Um sie zu beantragen, sind erforderlich:

- eine Bestätigung Ihres Arbeitgebers bzw. ein Tätigkeitsnachweis für Selbstständige
- für nicht erwerbstätige Personen ein Nachweis ausreichender Mittel zum Bestreiten des Lebensunterhalts sowie ein ausreichender Krankenversicherungsschutz für sich und seine Familie

Die Aufenthaltserlaubnis ist mindestens fünf Jahre gültig und kann verlängert werden. Ihre Ausstellung darf nicht länger als sechs Monate auf sich warten lassen, die Gebühr darf nicht höher sein als für einen Personalausweis für Inländer.

Einige Einschränkungen gibt es jedoch auch hier: So kann Ihnen Ihre neue Heimat eine Aufenthaltserlaubnis verweigern oder Sie auch später noch ausweisen, wenn Sie eine ernste Gefahr für die öffentliche

Ordnung und Sicherheit darstellen. Auch bestimmte gesundheitliche Gründe können hier zum Tragen kommen, etwa wenn Sie unter einer quarantänepflichtigen Krankheit leiden oder eine schwere geistige Störung vorliegt. In einigen Ländern müssen Sie deshalb eine gesundheitliche Untersuchung über sich ergehen lassen.

Die Arbeitsberechtigung

Als EU-Bürger dürfen Sie sich nicht nur in einem EU-Mitgliedstaat Ihrer Wahl niederlassen, Sie dürfen dort auch ganz normal auf Jobsuche gehen und sich dort auch zwecks Arbeitssuche aufhalten, in der Regel sechs Monate lang. Dabei dürfen Sie dieselben Hilfen in Anspruch nehmen wie Einheimische. So können Sie sich zum Beispiel bei einem ausländischen Arbeitsamt als Arbeitssuchender registrieren lassen.

Bei der Stellensuche dürfen Sie nicht auf Grund Ihrer Staatsangehörigkeit benachteiligt werden, vielmehr müssen für Sie dieselben Einstellungsvoraussetzungen gelten wie für Inländer. Für bestimmte Tätigkeiten, zum Beispiel im Bereich Journalismus, müssen Sie allerdings fließend die Landessprache sprechen. Sollten Sie diese oder andere dringend erforderlichen Qualifikationen nicht mitbringen, darf Ihr potenzieller Arbeitgeber Ihnen einheimische Bewerber vorziehen. Doch das ist in Deutschland ja auch nicht anders: Derjenige, der die gestellten Anforderungen am besten erfüllt, bekommt den Job – oder sollte ihn zumindest bekommen.

Auch bestimmte Stellen im öffentlichen Dienst, die mit der Ausübung hoheitlicher Befugnisse oder mit der Wahrnehmung der Interessen des Staates verbunden sind, dürfen für Einheimische reserviert werden. Dazu gehören Stellen bei Ministerien, Regionalregierungen oder der Polizei.

Wie sieht es nun aber – abgesehen von den Sprachkenntnissen – mit unseren Qualifikationen aus? Werden Zeugnisse und Diplome, Bildungsabschlüsse und Arbeitserfahrungen in allen Mitgliedstaaten der Europäischen Union anerkannt? Grundsätzlich ja. Wer in Deutschland qualifiziert ist, einen bestimmten Beruf auszuüben, darf dieser Tätigkeit auch in allen anderen EU-Ländern nachgehen. Am Wörtchen grundsätzlich merken Sie jedoch schon, dass es auch hier wieder ein paar kleine Ausnahmen gibt, etwa bei Rechtsanwälten, Lehrern oder Psychologen. Gehören Sie einer dieser Berufsgruppen an, müssen Sie bei einer Behörde, etwa beim zuständigen Ministerium oder einer Kammer, einen Antrag auf Anerkennung Ihrer beruflichen Qualifikation stellen. Dessen Bearbeitung darf höchstens vier Monate dauern.

Im Normalfall werden alle Hochschuldiplome anerkannt, die ein mindestens dreijähriges Studium erfordern. Sollte Ihre Ausbildung allerdings erheblich von den Anforderungen Ihrer neuen Heimat abweichen, zum Beispiel weil Sie dort ein Studium benötigen, um einen bestimmten Beruf ausüben zu können, in Deutschland jedoch nicht, so bekommen Sie die Möglichkeit, dies auszugleichen, zum Beispiel durch eine Eignungsprüfung, einen höchstens dreijährigen Anpassungslehrgang oder indem Sie Berufserfahrung sammeln.

In anderen Berufen, etwa im Bereich der Medizin, sind die Ausbildungen so koordiniert, dass ein Wechsel in ein anderes Land problemlos ist. Erkundigen Sie sich jedoch auf jeden Fall bei der zuständigen Botschaft oder bei einem EURES-Berater, wie es in Ihrer ganz speziellen Situation aussieht.

Auch als Selbstständiger dürfen Sie sich überall in der Europäischen Union niederlassen und Ihrem Gewerbe nachgehen. Für Sie gelten im Ausland dann dieselben Bestimmungen wie für einheimische Selbstständige oder Freiberufler. Außerdem müssen Sie die nationalen Berufsanforderungen erfüllen und sich gegebenenfalls Ihre Qualifikationen von der zuständigen Behörde anerkennen lassen.

Sozialsystem

Natürlich hat jedes der EU-Mitglieder sein eigenes Sozialversicherungssystem, über das Sie sich am besten bei der jeweiligen Botschaft informieren. Grundsätzlich haben Sie ab dem Moment, in dem Sie eine Stelle annehmen, in jedem EU-Land dieselben Ansprüche auf Sozialleistungen wie Einheimische – ganz egal, ob es sich um Kindergeld oder um eine Sozialwohnung handelt.

Tipp: Bei der Europäischen Kommission (Anschrift siehe S. 129) ist eine Broschüre mit dem Titel „Ihre soziale Sicherheit bei Aufenthalt in anderen Mitgliedstaaten der Europäischen Union" erhältlich. Darin sind sowohl die Bestimmungen der jeweiligen Länder aufgeführt als auch die maßgebenden Gemeinschaftsbestimmungen.

Leider kann Ihnen auch im Ausland niemand garantieren, dass Sie nicht vielleicht irgendwann einmal arbeitslos werden. Dann dürfen Sie zwar nicht ausgewiesen werden, doch falls Sie lange ohne Beschäftigung bleiben, kann es sein, dass Ihre Aufenthaltsgenehmigung nicht verlängert wird. Grundsätzlich gilt: *Arbeitslosengeld* bekommen Sie in dem Land, in dem Sie zuletzt versichert waren. Leben Sie also in Großbritannien und verlieren Sie dort Ihren Job, so erhalten Sie Ihr Arbeitslosengeld auch vom britischen Staat. Machen Sie also nicht den Fehler, sofort nach Deutschland zurückzukehren, weil Sie dort vielleicht mehr Geld bekommen würden. Das deutsche Arbeitsamt ist für Sie dann nicht mehr zuständig, auch nicht, wenn Sie früher schon in Deutschland Beiträge zur Arbeitslosenversicherung gezahlt haben.

Und wie sieht es mit *Sozialhilfe* aus? Die Aufenthaltsgenehmigung für ein EU-Land erhalten Sie erst einmal nur, wenn Sie für Ihren Lebensunterhalt selbst aufkommen können – Sozialhilfeempfänger haben also von vornherein keine Chance, in einem anderen EU-Land zu leben. Doch können Sie ja auch zum Sozialfall werden, nachdem Sie ausgewandert sind. Hier gilt Ähnliches wie bei Arbeitslosigkeit: Wer eine gültige Aufenthaltserlaubnis besitzt, hat auch Anspruch auf Sozialhilfe. Falls Sie noch keine unbefristete Aufenthaltserlaubnis besitzen, kann es jedoch vorkommen, dass Ihre Aufenthaltserlaubnis nicht mehr verlängert wird.

Mitglieder einer gesetzlichen Krankenkasse haben auch beim Aufenthalt in einem anderen EU-Land den vollen *Krankenversicherungsschutz*, müssen sich dazu jedoch bei der heimatlichen Krankenkasse abmelden, das heißt ihr mitteilen, dass sie ihren Wohnsitz ins Ausland verlegen. Nur abmelden, nicht austreten, sonst erlischt der Versicherungsschutz!

Weitere Informationen zu den Themen Kranken- und Pflegeversicherung, Rente sowie Steuern erhalten Sie im Kapitel „Rechtliche Fragen“ (Seite 63ff.).

Gesuchte Berufe

Rein rechtlich gesehen ist der Schritt in ein europäisches Nachbarland relativ einfach. Wenn Sie auch noch die Sprache des Gastlandes einigermaßen beherrschen, steht einer Auswanderung dorthin eigentlich nichts mehr im Wege. Ach ja, einen Job brauchen Sie noch, denn Sie müssen ja auch von etwas leben. Einige Tipps, wie Sie sich auch im europäischen Ausland auf Stellensuche begeben können, finden Sie im Kapitel „Der Antrag ist genehmigt!“ (Seite 45 ff.). Auch die EURES-Berater der Arbeitsämter (Anschriften siehe Anhang Seite 196 ff.) und die Auslandshandelskammern der einzelnen Länder (Adresse unter dem jeweiligen Land) werden Ihnen gern behilflich sein. Darüber hinaus sind derzeit in einigen Ländern bestimmte Berufe besonders gesucht:

- Frankreich: Ärzte und anderes medizinisches Personal
- Großbritannien: Krankenschwestern, Fleischer
- Italien: Elektriker und Hotelpersonal
- Niederlande: Bauingenieure und Handwerker

Na, ist hier vielleicht etwas für Sie dabei?

Weitere Informationen

Wissenswertes zu einzelnen EU-weit gültigen Bestimmungen und Regelungen erfahren Sie bei den Büros der Europäischen Kommission. Sie erteilen jedoch keine detaillierten Auskünfte zu einzelnen Mitgliedstaaten.

Europäische Kommission
Vertretung in der Bundesrepublik Deutschland
Unter den Linden 78
10117 Berlin
Tel.: 0 30/22 80 20 00
Fax: 0 30/22 80 22 22
E-Mail: *eu-de-kommission@cec.eu.int*
Internet: *http://www.eu-kommission.de*

Vertretung der Europäischen Kommission in Deutschland
Erhardtstraße 27
80331 München
Tel.: 0 89/2 42 44 80
Fax: 0 89/24 24 48 15
E-Mail: *eu-de-muenchen@cec.eu.int*

Vertretung der Europäischen Kommission in Deutschland
Bertha-von-Suttner-Platz 2-4
53113 Bonn
Tel.: 02 28/53 00 90
Fax: 02 28/5 20 09 50
E-Mail: *eu-de-bonn@cec.eu.int*

Die Mitgliedsländer der Europäischen Union

Die folgenden Abschnitten stellen Ihnen nun die einzelnen EU-Mitgliedstaaten etwas genauer vor. Am Ende jedes Kurzporträts finden Sie Anschriften, über die Sie weitere Auskünfte über das jeweilige Land einholen können.

Belgien

Offizieller Name: Koninkrijk België, Royaume de Belgique (B)
Fläche: 30.528 km^2 (Weltrang 137)
Bevölkerungszahl: 10,3 Millionen
Bevölkerungsdichte: 337 Personen / km^2
Hauptstadt: Brussel/Bruxelles (Brüssel, 948.000 Einwohner)
Staatsform: parlamentarische Monarchie seit 1831
Staatsoberhaupt: König Albert II.
Verwaltung: drei Regionen mit Parlamenten (Flandern, Wallonien und die Hauptstadtregion Brüssel)
Amtssprachen: Niederländisch, Französisch, Deutsch
Währung: 1 Euro (€) = 100 Cent
Nationalfeiertag: 21. Juli (Amtseid des ersten Königs Leopold I.im Jahre 1831)
Konfessionen: Katholiken (80 Prozent), Protestanten (0,4 Prozent), Muslime (2,5 Prozent), Juden (0,3 Prozent)

Größte Städte: Brüssel, Antwerpen/Anvers (456.000 Einwohner), Gent/Gand (226.000), Charleroi (206.000), Liège/ Luik (Lüttich, 190.000)
Durchschnittliches Bruttosozialprodukt je Einwohner: ca. 23.850,- US-Dollar
Arbeitslosigkeit: 7,3 Prozent

Weitere Informationen:

Botschaft des Königreiches Belgien
Jägerstraße 52-53
10117 Berlin
Tel.: 0 30/20 64 20
Fax: 0 30/20 64 22 00
E-Mail: *berlin@diplobel.org*
Internet: *http://www.diplobel.org/deutschland*

Debelux Handelskammer
Manhattan Office Tower
Bolwerklaan 21 / Avenue du Boulevard
B-1210 Brüssel
Tel.: 00 32/2/2 03 50 40
Fax: 00 32/2/2 03 47 58
E-Mail: *ahk@debelux.org*
Internet: *http://www.debelux.org*

Dänemark

Offizieller Name: Kongeriget Danmark (DK)
Fläche: 43.094 km^2 (Weltrang 131)
Bevölkerungszahl: 5,3 Millionen
Bevölkerungsdichte: 123 Personen / km^2
Hauptstadt: København (Kopenhagen, 477.000 Einwohner)
Staatsform: parlamentarische Monarchie seit 1953
Staatsoberhaupt: Königin Margarethe II.
Verwaltung: zwölf Bezirke und zwei Stadtbezirke
Amtssprache: Dänisch
Währung: 1 Dänische Krone (dkr) = 100 Öre
Nationalfeiertag: 16. April
Konfessionen: Lutheraner (84 Prozent), Katholiken (0,6 Prozent), Juden (ca. 3000)
Größte Städte: Kopenhagen, Århus (280.000 Einwohner), Odense (183.000), Ålborg (160.000), Esbjerg (83.000)
Durchschnittliches Bruttosozialprodukt je Einwohner: ca. 32.280,- US-Dollar
Arbeitslosigkeit: 4,5 Prozent

Weitere Informationen:
Königlich Dänische Botschaft
Rauchstraße 1
10787 Berlin
Tel.: 0 30/50 50 20 00
Fax: 0 30/50 50 20 50
E-Mail: *beramb@um.dk*
Internet: *http://www.daenemark.org*

Deutsch-Dänische Handelskammer
Det Tysk-Danske Handelskammer
Børsen
DK-1217 København K
Tel.: 00 45/33 91 33 35
Fax: 00 45/33 91 31 16
E-Mail: *ddhk@ahk-daenemark.dk*
Internet: *http://www.ahk-daenemark.dk*

Finnland
Offizieller Name: Suomen Tasavalta, Republiken Finland (FIN, SF)
Fläche: 338.144 km^2 (Weltrang 63)
Bevölkerungszahl: 5,2 Millionen
Bevölkerungsdichte: 15 Personen / km^2
Hauptstadt: Helsinki/Helsingfors (532.000 Einwohner)
Staatsform: Republik seit 1919
Staatsoberhaupt: Tarja Halonen (SDP)
Verwaltung: zwölf Provinzen, davon Åland mit Autonomiestatus
Amtssprachen: Finnisch, Schwedisch
Währung: 1 Euro (€) = 100 Cent
Nationalfeiertag: 6. Dezember (Unabhängigkeitstag)
Konfessionen: Lutheraner (85 Prozent), Finnisch-Orthodoxe (1 Prozent), Muslime, Juden
Größte Städte: Helsinki, Espoo/Esbo (196.000 Einwohner), Tampere/Tammerfors (186.000), Vantaa/Vanda (168.000), Turku/Åbo (167.000)
Durchschnittliches Bruttosozialprodukt je Einwohner: ca. 25.130,- US-Dollar
Arbeitslosigkeit: 9,1 Prozent

Weitere Informationen:

Botschaft der Republik Finnland
Rauchstraße 1
10787 Berlin
Tel.: 0 30/50 50 30
Fax: 0 30/50 50 33 33
E-Mail: *sanomat.ber@formin.fi*
Internet: *http://www.finnland.de/de/*

Deutsch-Finnische Handelskammer
Postfach 83
SF-00101 Helsinki
Tel.: 0 03 58/9/6 12 21 20
Fax: 0 03 58/9/64 28 59
E-Mail: *info@dfhk.fi*
Internet: *http://www.dfhk.fi*

Frankreich

Offizieller Name: République française (F)
Fläche: 543.965 km^2 (Weltrang 47)
Bevölkerungszahl: 59,7 Millionen
Bevölkerungsdichte: 113 Personen / km^2
Hauptstadt: Paris (2,1 Mio. Einwohner)
Staatsform: Republik seit 1875
Staatsoberhaupt: Jacques Chirac (UMP-RPR)
Verwaltung: 22 Regionen, 96 Départements, Überseegebiete
Amtssprache: Französisch
Währung: 1 Euro (€) = 100 Cent

Nationalfeiertag: 14. Juli (Sturm auf die Bastille 1789)
Konfessionen: Katholiken (78,8 Prozent), Protestanten (1,9 Prozent), Muslime (5,5 Prozent), Juden (1,1 Prozent)
Größte Städte: Paris, Marseille (808.000 Einwohner), Lyon (422.000) Toulouse (366.000), Nice (Nizza, 346.000)
Durchschnittliches Bruttosozialprodukt je Einwohner: ca. 23.780,- US-Dollar
Arbeitslosigkeit: 8,7 Prozent

Weitere Informationen:

Botschaft der Französischen Republik
Pariser Platz 5
10117 Berlin
Tel.: 0 30/5 90 03 90 00
Fax: 0 30/5 90 03 91 10
E-Mail: *cifrac2000@yahoo.fr*
Internet: *http://www.botschaft-frankreich.de*

La Chambre Franco-Allemande de Commerce et d'Industrie
18 rue Balard
F-75015 Paris
Tel.: 00 33/1/40 58 35 35
Fax: 00 33/1/45 75 47 39
E-Mail: *info@francoallemand.com*
Internet: *http://www.deutschfranzoesisch.com*

Griechenland

Offizieller Name: Ellinikí Dimokratía (GR)
Fläche: 131.957 km^2 (Weltrang 95)
Bevölkerungszahl: 10, 6 Millionen
Bevölkerungsdichte: 80 Personen / km^2
Hauptstadt: Athínai (Athen, 772.000 Einwohner)
Staatsform: parlamentarische Republik seit 1973
Verwaltung: zehn Regionen, Mönchsrepublik Athos mit autonomem Status
Amtssprache: Griechisch
Währung: 1 Euro (€) = 100 Cent
Nationalfeiertag: 25. März (Beginn des Befreiungskampfes gegen die Türkei 1821)
Konfessionen: Griechisch-orthodoxe (97 Prozent), Muslime (1,3 Prozent)
Größte Städte: Athen, Thessaloníki (Saloniki, 384.000 Einwohner), Piraiévs (Piräus, 183.000), Pátrai (Patras, 153.000), Heraklion (116.000)
Durchschnittliches Bruttosozialprodukt je Einwohner: ca. 11.430,- US-Dollar
Arbeitslosigkeit: 9,9 Prozent

Weitere Informationen:

Botschaft der Griechischen Republik
Jägerstraße 44/45
10117 Berlin
Tel.: 0 30/20 62 60
Fax: 0 30/20 62 64 44
E-Mail: *info@griechische-botschaft.de*
Internet: *http://www.griechenland-botschaft.de*

Deutsch-Griechische Industrie- und Handelskammer
Dorilaiou 10-12/IV
GR-115 21 Athen
Tel.: 00 30/210/6 41 90 00
Fax: 00 30/210/6 44 51 75
E-Mail: *ahkathen@mail.ahk-germany.de*
Internet: *http://www.german-chamber.gr*

Großbritannien und Nordirland
Offizieller Name: United Kingdom of Great Britain and Northern Ireland (GB/UK)
Fläche: 242.900 km^2 (Weltrang 78)
Bevölkerungszahl: 59,7 Millionen
Bevölkerungsdichte: 245 Personen / km^2
Hauptstadt: London (7,1 Mio. Einwohner)
Staatsform: parlamentarische Monarchie seit 1921
Staatsoberhaupt: Königin Elisabeth II.
Verwaltung: 39 Grafschaften (Counties) und sieben Metropolitan Counties in England, acht Grafschaften in Wales, 26 Distrikte in Nordirland und zwölf Regionen in Schottland, außerdem Crown Dependencies und Abhängige Gebiete
Amtssprache: Englisch
Währung: 1 Pfund Sterling (£) = 100 Pence
Nationalfeiertag: zweiter Samstag im Juli (Queen's Birthday)
Konfessionen: Anglikaner (Staatskirche, 29 Prozent), Sonstige Protestanten (14 Prozent), Katholiken (11 Prozent), Muslime (2,5 Prozent), konfessionslos (41 Prozent)
Größte Städte: London, Birmingham (1,02 Mio. Einwohner), Leeds (727.000), Glasgow (616.000), Sheffield (530.000)

Durchschnittliches Bruttosozialprodukt je Einwohner:
ca. 25.120,- US-Dollar
Arbeitslosigkeit: 5,1 Prozent

Weitere Informationen:

Botschaft des Vereinigten Königreichs Großbritannien und Nordirland
Wilhelmstraße 70
10117 Berlin
Tel.: 0 30/20 45 70
Fax: 0 30/20 45 75 74
E-Mail: *info@britischebotschaft.de*
Internet: *http://www.britischebotschaft.de*

German-British Chamber of Industry & Commerce
Mecklenburg House
16 Buckingham Gate
GB-London SW1E 6LB
Tel.: 00 44/20/7 97 64 100
Fax: 00 44/20/7 97 64 101
E-Mail: *mail@ahk-london.co.uk*
Internet: *http://www.ahk-london.co.uk*

Irland

Offizieller Name: Republic of Ireland, Na h'Éireann (IRL)
Fläche: 70.273 km^2 (Weltrang 118)
Bevölkerungszahl: 3,9 Millionen
Bevölkerungsdichte: 55 Personen / km^2

Hauptstadt: Dublin/Baile Atha Cliath (1 Mio. Einwohner)
Staatsform: Republik seit 1937
Staatsoberhaupt: Mary McAleese (FF)
Verwaltung: vier Provinzen (Munster, Leinster, Connacht und Ulster) mit 26 Grafschaften (Counties) und vier so genannte County-Boroughs
Amtssprachen: Irisch, Englisch
Währung: 1 Euro (€) = 100 Cent
Nationalfeiertag: 17. März (St. Patrick's Day)
Konfessionen: Katholiken (77 Prozent), Church of Ireland (9 Prozent), Presbyterianer (7 Prozent)
Größte Städte: Dublin, Corcaigh/Cork (180.000 Einwohner), Luimheach/Limerick (79.000), An Ghaillimh/Galway (56.000), Waterford (44.000)
Durchschnittliches Bruttosozialprodukt je Einwohner: ca. 22.850,- US-Dollar
Arbeitslosigkeit: 4,4 Prozent

Weitere Informationen:

Botschaft von Irland
Friedrichstraße 200
10117 Berlin
Tel.: 0 30/22 07 20
Fax: 0 30/22 07 22 99
Internet: *http://www.botschaft-irland.de*

German-Irish Chamber of Industry and Commerce
46 Fitzwilliam Square
Dublin 2
Tel.: 0 03 53/1/6 76 29 34

Fax: 0 03 53/1/6 76 25 95
E-Mail: *info@german-irish.ie*
Internet: *http://www.german-irish.ie*

Italien

Offizieller Name: Repubblica Italiana, Kurzform: Italia (I)
Fläche: 301.323 km² (Weltrang 70)
Bevölkerungszahl: 57,4 Millionen
Bevölkerungsdichte: 191 Personen / km²
Hauptstadt: Roma (Rom, 2,7 Mio. Einwohner)
Staatsform: Republik seit 1948
Staatsoberhaupt: Carlo Azeglio Ciampi
Verwaltung: 20 Regionen, Sonderstatus für die fünf Regionen Aostatal, Friaul-Julisch Venetien, Sardinien, Sizilien und Trentino-Südtirol
Amtssprachen: Italienisch, Deutsch (regional), Französisch (regional)
Währung: 1 Euro (€) = 100 Cent
Nationalfeiertag: erster Sonntag im Juni (Gründung der Republik 1946)
Konfessionen: Katholiken (90 Prozent), Evangelische (400.000), Katholisch-Orthodoxe (100.000), Juden (30.000), Muslime
Größte Städte: Rom, Milano (Mailand, 1,3 Mio. Einwohner), Napoli (Neapel, 1 Mio.), Torino (Turin, 921.000), Palermo (689.000)
Durchschnittliches Bruttosozialprodukt je Einwohner: ca. 19.390,- US-Dollar
Arbeitslosigkeit: 9,0 Prozent

Weitere Informationen:

Botschaft der Italienischen Republik
Hiroshimastraße 1
10785 Berlin
Tel.: 0 30/25 44 00
Fax: 0 30/25 44 01 20
E-Mail: *emigrazione@botschaft-italien.de*
Internet: *http://www.botschaft-italien.de*

Camera di Commercio Italo-Germanica
Via Napo Torriani 29
I-20124 Milano
Tel.: 00 39/02/67 91 31
Fax: 00 39/02/66 98 09 64
E-Mail: *info@ahk-italien.it*
Internet: *http://www.ahk-italien.it*

Luxemburg

Offizieller Name: Groussherzogtom Lëtzebuerg, Grand-Duché de Luxembourg (L)
Fläche: 2.586 km^2 (Weltrang 166)
Bevölkerungszahl: 450.000 Einwohner
Bevölkerungsdichte: 173 Personen / km^2
Hauptstadt: Luxembourg/Lëtzebuerg (Luxemburg, 78.000 Einwohner)
Staatsform: parlamentarische Monarchie (Großherzogtum) seit 1866
Staatsoberhaupt: Großherzog Henri
Verwaltung: zwölf Kantone
Amtssprachen: Lëtzebuergesch, Deutsch, Französisch

Währung: 1 Euro (€) = 100 Cent
Nationalfeiertag: 23. Juni (offizielle Feier des Geburtstags des Großherzogs)
Konfessionen: Katholiken (87 Prozent), Protestanten (13 Prozent), Juden, Muslime
Größte Städte: Luxemburg, Esch-sur-Alzette (24.000 Einwohner), Differdange (Differdingen, 16.500), Dudelange (Düdelingen, 16.200), Pétange (13.000)
Durchschnittliches Bruttosozialprodukt je Einwohner: ca. 39.840,- US-Dollar
Arbeitslosigkeit: 2,8 Prozent

Weitere Informationen:
Botschaft des Großherzogtums Luxemburg
Klingelhöferstraße 7
10785 Berlin
Tel.: 0 30/26 39 57-0
Fax: 0 30/26 39 57 27

Chambre de Commerce debelux
31, boulevard Konrad Adenauer
L-2981 Luxemburg
Tel.: 00 35/2 42 39 39-1
Fax: 00 35/2 43 83 26
E-Mail: *luchamcom@cc.lu*

Niederlande

Offizieller Name: Koninkrijk der Nederlanden, Kurzform: Nederland (NL)
Fläche: 41.865 km^2 (Weltrang 132)
Bevölkerungszahl: 16 Millionen
Bevölkerungsdichte: 385 Personen / km^2
Hauptstadt: Amsterdam (724.000 Einwohner)
Regierungssitz: Den Haag (445.000 Einwohner)
Staatsform: parlamentarische Monarchie seit 1848
Staatsoberhaupt: Königin Beatrix
Verwaltung: zwölf Provinzen und die Überseegebiete Aruba und Niederländische Antillen
Amtssprachen: Niederländisch, Friesisch (regional)
Währung: 1 Euro (€) = 100 Cent
Nationalfeiertag: 30. April (Königinnentag)
Konfessionen: Katholiken (33 Prozent), Protestanten (25 Prozent), Muslime (4,4 Prozent)
Größte Städte: Amsterdam, Rotterdam (599.000 Einwohner), Den Haag, Utrecht (234.000), Eindhoven (196.000)
Durchschnittliches Bruttosozialprodukt je Einwohner: ca. 24.330,- US-Dollar
Arbeitslosigkeit: 2,7 Prozent

Weitere Informationen:

Botschaft des Königreichs der Niederlande
Friedrichstraße 95
10117 Berlin
Tel.: 0 30/20 95 60
Fax: 0 30/20 95 64 41
Internet: *http://www.niederlandeweb.de*

Österreich

Offizieller Name: Republik Österreich (A)
Fläche: 83.858 km^2 (Weltrang 113)
Bevölkerungszahl: 8,1 Millionen
Bevölkerungsdichte: 97 Personen / km^2
Hauptstadt: Wien (1,6 Mio. Einwohner)
Staatsform: Republik seit 1918
Staatsoberhaupt: Thomas Klestil (ÖVP)
Verwaltung: neun Bundesländer (Burgenland, Kärnten, Niederösterreich, Oberösterreich, Salzburg, Steiermark, Tirol, Vorarlberg, Wien)
Amtssprachen: Deutsch, Slowenisch und Kroatisch (regional)
Währung: 1 Euro (€) = 100 Cent
Nationalfeiertag: 26. Oktober (Verabschiedung des Neutralitätsgesetzes im Jahr 1955)
Konfessionen: Katholiken (73,6 Prozent), Protestanten (4,7 Prozent), Muslime (4,2 Prozent), Juden (0,1 Prozent), religionslos (12 Prozent)
Größte Städte: Wien, Graz (239.000 Einwohner), Linz (190.000), Salzburg (133.000), Klagenfurt (90.000)
Durchschnittliches Bruttosozialprodukt je Einwohner: ca. 23.940,- US-Dollar
Arbeitslosigkeit: 4,3 Prozent

Weitere Informationen:

Botschaft der Republik Österreich
Stauffenbergstraße 1
10785 Berlin
Tel.: 0 30/20 28 70
Fax: 0 30/2 29 05 69
E-Mail: *berlin-ob@bmaa.gv.at*
Internet: *http://www.oesterreichische-botschaft.de*

Deutsche Handelskammer in Österreich
Wiedner Hauptstraße 142
A-1050 Wien
Tel.: 00 43/1/5 45 14 17
Fax: 00 43/1/5 45 22 59
E-Mail: *office@dhk.at*
Internet: *http://www.dhk.at*

Portugal

Offizieller Name: República Portuguesa (P)
Fläche: 92.345 km^2 (Weltrang 110)
Bevölkerungszahl: 10 Millionen
Bevölkerungsdichte: 109 Personen / km^2
Hauptstadt: Lisboa (Lissabon, 681.000 Einwohner)
Staatsform: Republik seit 1910
Staatsoberhaupt: Jorge Fernando Branco de Sampaio (PS)
Verwaltung: acht Regionen und zwei autonome Regionen (Madeira und Azoren), Überseegebiet Macau
Amtssprache: Portugiesisch
Währung: 1 Euro (€) = 100 Cent
Nationalfeiertag: 10. Juni (Todestag des Nationaldichters Luiz de Camões 1580)
Konfessionen: Katholiken (93 Prozent), Protestanten, Muslime und Juden
Größte Städte: Lissabon, Porto (309.000 Einwohner), Vila Nova de Gaia (248.000), Amadora (176.000), Cascais (155.000)
Durchschnittliches Bruttosozialprodukt je Einwohner: ca. 10.900,- US-Dollar
Arbeitslosigkeit: 5,1 Prozent

Weitere Informationen:

Botschaft der Portugiesischen Republik
Zimmerstraße 56
10117 Berlin
Tel.: 0 30/5 90 06 35 00
Fax: 0 30/5 90 06 36 00
E-Mail: *mail@botschaftportugal.de*

Deutsch-Portugiesische Industrie- und Handelskammer
Câmara de Comércio e Indústria Luso-Alema
Av. da Liberdade, 38-2
P-1269-039 Lisboa
Tel.: 0 03 51/21/3 21 12 00
Fax: 0 03 51/21/3 46 71 50
E-Mail: *infolisboa@ccila-portugal.ocm*
Internet: *http://www.ccila-portugal.com*

Schweden
Offizieller Name: Konungariket Sverige (S)
Fläche: 449.964 km^2 (Weltrang 55)
Bevölkerungszahl: 8,8 Millionen
Bevölkerungsdichte: 20 Personen / km^2
Hauptstadt: Stockholm (727.000 Einwohner)
Staatsform: parlamentarische Monarchie seit 1809
Staatsoberhaupt: König Carl XVI. Gustav
Verwaltung: 24 Bezirke
Amtssprache: Schwedisch
Währung: 1 Schwedische Krone (skr) = 100 Öre

Nationalfeiertag: 6. Juni (Flaggentag der Dynastie Wasa 1523)
Konfessionen: Lutheraner (85 Prozent), Katholiken, Muslime
Größte Städte: Stockholm, Göteborg (457.000 Einwohner), Malmö (251.000), Uppsala (186.000), Linköping (132.000)
Durchschnittliches Bruttosozialprodukt je Einwohner: ca. 25.400,- US-Dollar
Arbeitslosigkeit: 4,9 Prozent

Weitere Informationen:

Botschaft des Königreichs Schweden
Rauchstraße 1
10787 Berlin
Tel.: 0 30/50 50 60
Fax: 0 30/50 50 67 89
E-Mail: *ambassaden.berlin@foreign.ministry.se*
Internet: *http://www.schweden.org*

Deutsch-Schwedische Handelskammer
Narvavägen 12
S-115 22 Stockholm
Tel.: 00 46/8/6 65 18 00
Fax: 00 46/8/6 65 18 04
E-Mail: *info@handelskammer.cci.se*
Internet: *http://www.handelskammer.cci.se*

Spanien

Offizieller Name: Reino de España, Kurzform: España (E)
Fläche: 504.782 km^2 (Weltrang 50)
Bevölkerungszahl: 39,9 Millionen
Bevölkerungsdichte: 79 Personen / km^2
Hauptstadt: Madrid (2,9 Mio. Einwohner)
Staatsform: parlamentarische Monarchie seit 1978
Staatsoberhaupt: König Juan Carlos I. de Borbón y Borbón
Verwaltung: 17 autonome Regionen, 52 Provinzen
Amtssprachen: Spanisch, Katalanisch (regional), Galicisch (regional), Baskisch (regional)
Währung: 1 Euro (€) = 100 Cent
Nationalfeiertag: 12. Oktober (Entdeckung Amerikas durch Kolumbus 1492)
Konfessionen: Katholiken (98,3 Prozent), Muslime, Juden
Größte Städte: Madrid, Barcelona (1,5 Mio. Einwohner), Valencia (747.000), Sevilla (697.000), Zaragoza (Saragossa, 601.674)
Durchschnittliches Bruttosozialprodukt je Einwohner: ca. 14.300,- US-Dollar
Arbeitslosigkeit: 11,3 Prozent

Weitere Informationen:

Botschaft des Königreichs Spanien
Lichtensteinallee 1
10787 Berlin
Tel.: 0 30/2 54 00 70
Fax: 0 30/25 79 95 57
E-Mail: *botschaft.spanien@t-online.de*
Internet: *http://www.info-spanischebotschaft.de*

Deutsche Handelskammer für Spanien
Cámara de Comercio Alemana para España
Avda. Pio XII, 26-28
E-28010 Madrid
Tel.: 00 34/91/3 53 09 10
Fax: 00 34/91/3 59 12 13
E-Mail: *ahk_spanien@ccape.es*
Internet: *http://www.ccape.es*

Kanada

Die User der Website *http://www.auswandern-aktuell.de* gaben Kanada als ihr Wunschland Nummer eins an. Nicht nur deutsche Auswanderer, sondern Menschen aus aller Welt wollen im zweitgrößten Land der Erde ihr Glück suchen und ihren Traum von einem besseren Leben verwirklichen. Rund 90 Prozent der Kanadier sind europäischer, davon der überwiegende Teil britischer oder französischer Abstammung.

Natur pur – das verbinden viele Menschen mit Kanada. Und in der Tat: 25 Prozent des Landes sind mit Wald bedeckt, dazu kommen rund zwei Millionen Seen. Ein Leben abseits der Hektik, klare, saubere Luft und ein Gefühl von Weite und Freiheit – wer könnte da nicht ins Träumen kommen? Allerdings landen nur die wenigsten Menschen, die nach Kanada auswandern, als Aussteiger in einer Blockhütte zwischen Elchen und Bären. Rund 77 Prozent der Kanadier leben in Städten wie Toronto, Montréal oder Vancouver, denn dort sind nun mal die Jobs und man muss ja schließlich auch von etwas leben. Doch auch diese Städte warten mit einer hohen Lebensqualität auf, so dass der Traum von einem besseren Leben in Kanada durchaus wahr werden kann.

Auf Grund der riesigen Ausmaße des Landes lässt sich kein einheitliches Klima ausmachen. Während es im Süden gemäßigt ist, liegen die nördlichen Regionen im subarktischen bis arktischen Bereich. In der Regel ist es in Kanada kälter als in europäischen Regionen, die auf demselben Breitengrad liegen.

Allerdings ist auch Kanada kein Schlaraffenland und deshalb hat die kanadische Einwanderungsbehörde ihre Konsequenzen gezogen und die Einwanderungsbestimmungen im Juni 2002 gehörig verschärft. Das begehrte Visum zu bekommen ist schon fast ebenso schwierig wie Urlaub auf dem Mond zu machen. Man könnte auch sagen: Sie haben keine Chance – nutzen Sie sie.

Steckbrief

Offizieller Name: Canada (CDN)
Fläche: 9.958.319 km^2 (Weltrang 2)
Bevölkerungszahl: 31,3 Millionen
Bevölkerungsdichte: 3 Personen / km^2
Hauptstadt: Ottawa (1,06 Mio. Einwohner)
Staatsform: bundesstaatlich geordnete parlamentarische Monarchie im Commonwealth seit 1931
Staatsoberhaupt: Königin Elizabeth II., vertreten durch einen einheimischen Generalgouverneur
Verwaltung: zehn Provinzen (Quebec, Ontario, Manitoba, Saskatchewan, Alberta, Britisch Columbia, Prince Edward Island, New Brunswick, Nova Scotia sowie New Foundland and Labrador) und drei Territorien (Yukon, Northwest Territory und Nunavut Territory)
Amtssprachen: Englisch, Französisch
Währung: 1 kanadischer Dollar (kan$) = 100 Cents
Nationalfeiertag: 1. Juli (Unabhängigkeitstag)
Konfessionen: Katholiken (44 Prozent), Protestanten (29 Prozent), andere christliche Gemeinschaften (3 Prozent), religionslos (16 Prozent), Sonstige (8 Prozent)

Größte Städte: Toronto (4,5 Mio. Einwohner), Montréal (3,3 Mio.), Vancouver (1,6 Mio.), Ottawa, Calgary (710.000)
Durchschnittliches Bruttosozialprodukt je Einwohner: ca. 21.930,- US-Dollar
Arbeitslosigkeit: 7,7 Prozent

Politisches System

Das kanadische Parlament besteht aus dem Unterhaus (House of Commons), dessen 301 Mitglieder alle fünf Jahre neu gewählt werden, und dem Senat (Senate), dessen maximal 112 Mitglieder durch den Generalgouverneur auf Vorschlag des Regierungschefs ernannt werden. Darüber hinaus haben die einzelnen Provinzen eigene Parlamente und Regierungen, die für regionale Belange zuständig sind. Die wichtigsten Parteien sind die Liberal Party, die konservative Reform Party, der Bloc Québécois, die New Democratic Party sowie die Progressive Conservative Party. Eine viel diskutierte politische Frage ist die Abspaltung der frankophonen Provinz Québec, die zwar 1997 in einem Referendum abgeschmettert wurde, doch dürfte dieses Thema damit noch nicht endgültig erledigt worden sein.

Sozialsystem

Einwanderer erwartet ein umfassendes Sozialsystem, das teils vom Bund, teils von den einzelnen Provinzen verwaltet wird.

Die kanadischen Krankenkassen finanzieren sich einesteils aus den Beiträgen der Mitglieder, anderenteils aus Steuereinnahmen. Da die Verantwortung für das *Gesundheitssystem* in der Hand der Provinzen liegt, bestehen Unterschiede in der Höhe des Beitrags sowie im Umfang der Leistungen. In einige Provinzen gibt es Wartezeiten bis zum Eintritt des Versicherungsschutzes, für die Übergangszeit empfiehlt sich daher eine private Krankenversicherung.

Die kanadische *Altersvorsorge* läuft auf zwei Ebenen ab: zum einen erhalten Kanadier ab 65 eine allgemeine staatliche Rente (Old Age Security), für die im Vorfeld keine Beiträge entrichtet werden müssen. Gleichzeitig existiert eine Rentenpflichtversicherung (Canada Penison Plan), in die alle Arbeitnehmer Beiträge einzahlen müssen. Wie in Deutschland wird auch in Kanada die Hälfte vom Arbeitgeber übernommen. Um in den Genuss dieser Rente zu kommen, muss man mindestens zehn Jahre lang eingezahlt haben, die Höhe richtet sich wiederum nach Dauer und Höhe der geleisteten Zahlungen.

Auch zur *Arbeitslosenversicherung* zahlt jeder Arbeitnehmer Beiträge, die sich nach der Höhe seines Einkommens richten. Darüber hinaus gibt es eine Reihe von Unterstützungen für Bedürftige.

Die *gesetzliche Arbeitszeit* in Kanada beträgt 37 bis 40 Stunden in der Woche, darüber hinaus haben Arbeitnehmer Anspruch auf mindestens zwei Wochen bezahlten Urlaub.

Wirtschaft

Ein wichtiger Wirtschaftszweig Kanadas ist die Landwirtschaft, die sich auf einen zwischen 300 und 500 Kilometer breiten Streifen im Süden des Landes konzentriert. Dort wird überwiegend Weizen angepflanzt, denn Kanada ist neben den USA der wichtigste Weizenexporteur der Welt. Außerdem werden Obst, Gemüse, Kartoffeln und Getreide angebaut, auch die Milch- und Viehwirtschaft spielt eine wichtige Rolle.

In anderer Hinsicht wurde Kanada ebenfalls von der Natur begünstigt – es verfügt über eine Vielzahl von Bodenschätzen, die das Land zu einer der wichtigsten Industrienationen der Welt werden ließen. Unter anderem finden sich hier Nickel, Zink, Kohle, Kali, Kupfer, Silber, Gold, Uran, Eisen, Erdgas und Erdöl – vor allem in den Provinzen Ontario, Quebec, Saskatchewan und British Columbia.

Auch die riesigen Waldvorkommen des Landes, hauptsächlich Tannen, Fichten und Kiefern, sind ein bedeutender Wirtschaftsfaktor. Die Forstwirtschaft liefert Holz sowohl für den Wohnungs- und Häuserbau als auch für die Herstellung von Zeitungspapier.

Ein viertes wichtiges Standbein der kanadischen Wirtschaft ist schließlich die Industrie, die vor allem im Großraum Toronto sowie in den Provinzen British Columbia und Quebec angesiedelt ist. Neben der Verarbeitung der heimischen Landwirtschaftsprodukte, des Holzes und der Bodenschätze spielen hier die Erzeugung von Eisen- und Stahlprodukten, die Autoherstellung sowie die chemische und die Kunststoffindustrie eine Rolle.

Einwanderungsbestimmungen

Ausländische Arbeitnehmer benötigen in Kanada sowohl eine Aufenthalts- als auch eine Arbeitsgenehmigung. Speziell letztere ist nicht leicht zu bekommen. Gute Chancen haben momentan Krankenschwestern, Krankenpfleger, Köche oder anderes qualifiziertes Fachpersonal.

Wer nicht gleich um eine dauernde Aufenthaltsgenehmigung ansuchen möchte, kann zunächst einmal ein so genanntes Work Permit / permis de travail beantragen, mit dem er zwischen 12 und 24 Monate in Kanada leben und arbeiten darf. Unbedingte Voraussetzung hierfür ist ein Jobangebot aus Kanada, und zwar nicht etwa irgendeines: Es muss vom kanadischen Arbeitsamt HRDC (Human Resources Development Canada) bestätigt sein. Meist muss der zukünftige Arbeitgeber nachweisen, dass er die Stelle nicht mit einem Kanadier besetzen konnte. Darüber hinaus muss der Antragsteller fließend Englisch und moderat Französisch (oder umgekehrt, je nach der Provinz, in der Sie sich niederlassen wollen) sprechen und eine insgesamt mindestens 14-jährige Ausbildung (hier werden Schul- plus Studienjahre oder Schule plus Berufsausbildung gerechnet) nachweisen. Außerdem brauchen Sie mindestens vier Jahre Berufserfahrung, müssen eine medizinische Untersuchung durch einen Vertragsarzt der kanadischen Botschaft nachweisen sowie eine strahlend weiße Weste, sprich: ein polizeiliches Führungszeugnis ohne Einträge haben.

Auf der Basis dieses Work Permit Visa können Sie dann später die unbegrenzte Aufenthaltserlaubnis für Kanada beantragen, den Permanent Resident Status / statut de résidence permanente. Dafür stehen Ihnen mehrere Möglichkeiten offen:

- **Skilled Worker Class Immigration / Catégorie des travailleurs qualifiés:** Personen, die in dieser Kategorie einwandern möchten, werden ohne Unterstützung durch einen Sponsor auf der Basis ihrer eigenen Leistungen nach einem Punktesystem beurteilt. Hierfür sind neun Faktoren ausschlaggebend, darunter Alter, Ausbildung, Berufserfahrung, Englisch- und/oder Französischkenntnisse sowie die persönliche Eignung. Auch müssen Ihre beruflichen Fähigkeiten leicht auf den kanadischen Arbeitsmarkt zu übertragen sein. Dabei wird Ihre Berufserfahrung und -qualifikation nach einer so genannten Canadian National Occupation Classification (NOC) bewertet. Derzeit benötigen Sie mindestens 75 von 100 möglichen Punkten, um ein Visum in dieser Kategorie zu beantragen.
- **Business Class Immigration / Catégorie des gens d'affaires**: Erfolgreiche Unternehmer, die mit ihren Fähigkeiten einen Beitrag zum wirtschaftlichen und kulturellen Wohl des Landes leisten und neue Arbeitsplätze schaffen, sind in Kanada gern gesehene Einwanderer. In dieser Visumsklasse gibt es drei Unterkategorien: *Unternehmer, Investoren* und *Selbstständige*. Unternehmer und Investoren müssen über ein gewisses Eigenkapital verfügen (300.000 bzw. 800.000 kanadische Dollar) und einen erfolgreichen Geschäftshintergrund nachweisen. Auch Selbstständige müssen belegen, dass sie die Absicht und die Fähigkeit haben, sich in Kanada erfolgreich zu etablieren.

- **Familiy Class Immigration / Catégorie du regroupement familial:** Diese Kategorie dient der Familienzusammen-führung. Wer einen nahen Angehörigen (Ehe- oder Lebenspartner, Eltern- oder Großelternteil) in Kanada hat, kann eine Einwanderung in dieser Kategorie beantragen. Allerdings muss dieser Angehörige dann die rechtsverbindliche Verpflichtung (Bürgschaft: sponsorship / parrainage) eingehen, den Neubürger zu unterstützen, bis er ein Auskommen in Kanada hat. Bis mindestens zehn Jahre nach der Einwanderung kann der Bürge, der über ein bestimmtes Mindesteinkommen verfügen muss, für seinen Verwandten zur Kasse gebeten werden. Damit will die kanadische Regierung verhindern, dass Menschen nur einwandern, um dort Wohlfahrtsgelder zu beziehen.
- Außerdem haben die meisten kanadischen Provinzen eigene Einwanderungsprogramme zur Förderung der dortigen Wirtschaft. Wer sich dort bewirbt, gilt als **Provincial Nominee / candidat d'une province**. Informationen zu diesen Programmen erhalten Sie bei der kanadischen Botschaft.

Egal in welcher Kategorie Sie sich bewerben: ein guter Gesundheitszustand und ein einwandfreier Leumund sind für alle Einwanderer unabdingbar.

Gebühren und Bearbeitungsdauer

Die reine Bearbeitungsgebühr für den Antrag auf dauerhafte Niederlassung beträgt derzeit 355,- Euro pro Person, Unternehmer, Investoren oder Selbstständige müssen 675,- Euro berappen. Bei Erfolg werden noch einmal 660,- Euro für die Ausstellung des Visums fällig. Außerdem müssen Sie nachweisen, dass Sie einige Tausend kanadische Dollar auf der hohen Kante haben, um sich die ersten Monate nach der Einwanderung über Wasser halten zu können.

Die Bearbeitungszeit für die Anträge beträgt derzeit zwischen sechs (Provincial Nominee) und 15 (Skilled Worker) Monaten ab Antragseingang. Sollten zusätzliche ärztliche Untersuchungen, die Überprüfung von Dokumenten oder ein persönliches Gespräch erforderlich sein, so verlängert sich die Bearbeitungsdauer um einige Monate. Die kanadische Botschaft kann Antragsteller nicht über den aktuellen Stand der Dinge auf dem Laufenden halten. Verzichten Sie also darauf, dort anzurufen, denn Sie erhalten auf diesem Weg keine Auskunft.

Weitere Informationen:

Adressen:

Kanadische Botschaft
Visa- und Einwanderungsabteilung
Friedrichstraße 95
10117 Berlin
Tel.: 0 30/20 31 20
Fax: 0 30/20 31 25 90
E-Mail: *brlin-im@dfait-maeci.gc.ca*
Internet: *http://www.kanada-info.de*

Canadian German Chamber of Industry and Commerce Inc.
480 University Ave.,
Suite 1410
Toronto, ON M5G 1V2
Kanada
Tel.: 0 01/4 16/5 98 33 55
Fax: 0 01/4 16/5 98 18 40
E-Mail: *info.toronto@germanchamber.ca*
Internet: *http://www.germanchamber.ca*

Deutsch-Kanadischer Kongress Ontario
455 Conestogo Rd
Waterloo, Ontario N2L 4C9
Kanada
Tel.: 0 01/519/7 46 90 06
Fax: 0 01/519/7 46 70 06
E-Mail: *dkk@dkk-ont.net*
Internet: *http://www.dkk-ont.net*

Internetseiten:
http://www.cic.gc.ca: Citizenship and Immigration Canada (CIC)
http://www.cic.gc.ca/english/skilled/qual-2-1.html: Online-Test zur Skilled Worker Class Immigration
http://www.kanadanews.de: Informationen zu Auswanderung, Jobmöglichkeiten usw.
http://www.kanadaforum.de
http://www.auswandern-kanada.de

Neuseeland

Neuseeland – das Land am anderen Ende der Welt. Was bewegt auch heute noch so viele Menschen, Europa für immer den Rücken zu kehren und so weit weg zu ziehen? Die unberührte Natur und die Vielseitigkeit des Landes sind sicherlich ein Grund für die Beliebtheit dieses Landes. Doch auch das gemäßigte Klima, ein stabiles Wirtschafts- und Sozialsystem sowie private und berufliche Entfaltungsmöglichkeiten locken viele Einwanderer an.

Neuseeland liegt praktisch in der Mitte des Pazifiks, etwa 2.000 Kilometer südöstlich von Australien. Das Land besteht aus zwei großen Hauptinseln: der kleineren Nordinsel, auf der rund drei Viertel der

Neuseeländer leben, und der Südinsel. Dazu kommen noch einige kleinere Inseln. Auf beiden Hauptinseln herrscht ein gemäßigtes Seeklima mit generell geringen Temperaturschwankungen zwischen den einzelnen Jahreszeiten.

Der Großteil der Einwohner ist europäischer Abstammung, die Ureinwohner Neuseelands, die Maori, machen heute nur noch rund zehn Prozent der Gesamtbevölkerung aus.

Steckbrief

Offizieller Name: New Zealand (NZ)
Fläche: 270.534 km^2 (Weltrang 74)
Bevölkerungszahl: 3,8 Millionen
Bevölkerungsdichte: 14 Personen / km^2
Hauptstadt: Wellington (166.000 Einwohner)
Staatsform: parlamentarische Monarchie im Commonwealth seit 1907
Staatsoberhaupt: Königin Elizabeth II., vertreten durch einen einheimischen Generalgouverneur
Verwaltung: 90 Counties und drei Staatsdistrikte, außerdem drei Außengebiete (Cookinseln, Niue, Tokelau)
Amtssprachen: Englisch, Maori
Währung: 1 neuseeländischer Dollar (NZ$) = 100 Cents
Nationalfeiertag: 6. Februar (Waitangi-Tag, Vertrag von 1840)
Konfessionen: Anglikaner (16 Prozent), Katholiken (13 Prozent), Presbyterinaer (11 Prozent), religionslos (27 Prozent)
Größte Städte: Auckland (998.000 Einwohner), Wellington, Christchurch (331.000), Manukau (233.000), Hamilton (159.000)
Durchschnittliches Bruttosozialprodukt je Einwohner: ca. 13.250,- US-Dollar
Arbeitslosigkeit: 5,3 Prozent

Politisches System

Das neuseeländische Parlament hat 120 Mitglieder, die alle drei Jahre gewählt werden. Eine Besonderheit des Landes ist, dass keine geschriebene Verfassung existiert. Die wichtigsten Parteien sind die Labour Party und die National Party.

Sozialsystem

Wer nach Neuseeland auswandert, wird keine großen Abstriche hinsichtlich seiner sozialen Absicherung machen müssen. Die *medizinische Versorgung* ist hervorragend, alle Einwohner bekommen vom Staat Zuschüsse zu den Arztkosten.

Eine staatliche *Rente* erhalten Personen ab 65 Jahren, die mindestens sieben der letzten zehn Jahre in Neuseeland gelebt haben. Sie beträgt für Ehepaare rund 80 Prozent des durchschnittlichen Wochenlohns, für Einzelpersonen etwas weniger. Da die Lebenshaltungskosten in Neuseeland nicht gerade niedrig sind, ist eine zusätzliche private Altersvorsorge ratsam.

Bedürftige erhalten ebenfalls Unterstützung vom Staat, darüber hinaus gewährt ein spezielles Versicherungssystem den Neuseeländern Anspruch auf Krankengeld und Leistungen aus der Unfallversicherung.

Arbeitslosengeld erhalten Sie erst, wenn Sie bereits mindestens ein Jahr in Neuseeland gelebt und gearbeitet haben. Allerdings können Sie, wenn Sie Ihre Stelle selbst gekündigt haben oder wegen schlechten Verhaltens gefeuert worden sind, diesen Anspruch nicht sofort bei Beginn der Arbeitslosigkeit geltend machen, sondern erst nach einer bestimmten Frist.

Die *gesetzliche Arbeitszeit* in Neuseeland beträgt normalerweise 37,5 Stunden pro Woche, darüber hinaus haben Arbeitnehmer Anspruch auf drei Wochen bezahlten Urlaub.

Wirtschaft

Schafe, Schafe, Schafe – diese Vorstellung hat man im Allgemeinen von Neuseeland. Und tatsächlich: Im Kiwi-Land (das genau genommen ja Schaf-Land heißen müsste) kommen statistisch gesehen etwa 16 Schafe auf jeden Einwohner. Demnach ist auch die Viehzucht der beherrschende Wirtschaftszweig des Inselstaates im Pazifik und Weideflächen machen etwa 50 Prozent der Gesamtfläche des Landes aus. Wichtig für den Export sind vor allem die Produkte aus der Viehzucht, also zum Beispiel Wolle, Butter, Fleisch und Käse. Außerdem produziert die neuseeländische Landwirtschaft Weizen, Hafer, Gerste, Flachs und Futterpflanzen sowie Obst (bei uns sind vor allem die Kiwis bekannt) und Tabak. Eine weitere wichtige Rolle in der neuseeländischen Wirtschaft spielt die Fischerei.

Fabriken und Schwerindustrie sind erst seit den 70er Jahren in Neuseeland zu finden, und zwar hauptsächlich auf der Nordinsel.

Wie in den meisten Industrieländern ist auch in Neuseeland der Dienstleistungssektor der wichtigste Wirtschaftszweig des Landes. Rund 69 Prozent beträgt sein Anteil am Bruttoinlandsprodukt.

Eine Firmengründung ist in Neuseeland so einfach wie kaum in einem anderen Industrieland. So ist für eine GmbH kein gesetzliches Mindestkapital vorgeschrieben, auch eine Gewerbe- oder Handwerksordnung existiert nicht.

Einwanderungsbestimmungen

Seit 2001 nimmt Neuseeland zwar wieder mehr Einwanderer auf, hat dafür jedoch gleichzeitig die Bestimmungen verschärft. Wie in Kanada und Australien entscheidet auch hier ein Punktesystem darüber, wer ins Land darf und wer nicht. Die Mindestzahl beträgt derzeit 29 Punkte.

Besonders gute Chancen haben junge Leute mit gesuchten Berufen wie Friseure, Handwerker (unter anderem Schlosser, Mechaniker, Tischler) und Krankenschwestern oder Berufen aus der Gastronomie.

Generell unterscheidet das neuseeländische Einwanderungssystem vier verschiedene Klassen: General Skills, Business, Family und Family Quota:

- Die Einwanderung in der Kategorie **General Skills** basiert – wie erwähnt – auf einem Punktesystem, in das Faktoren wie Alter, Ausbildung und Arbeitserfahrung einfließen. Außerdem müssen Einwanderer einen guten Gesundheitszustand nachweisen, ein tadelloses Führungszeugnis besitzen und gute Englischkenntnisse mitbringen. Im beruflichen Bereich liegt die Mindestanforderung bei drei Jahren Berufsausbildung oder Studium, die dem neuseeländischen Standard entsprechen. Dies müssen Sie von der New Zealand Qualifications Authority anerkennen lassen. Eine weitere Voraussetzung sind zwei Jahre Berufserfahrung. Ein bereits vorliegendes Jobangebot aus Neuseeland erhöht die Chancen erheblich, ebenso wie frühere Erfahrungen im Land, zum Beispiel im Rahmen eines Studiums oder Arbeitsaufenthaltes. Wer Familienangehörige im Kiwi-Land hat, hat ebenfalls einen Vorteil.
- Die Kategorie **Business** ist für Investoren und Selbstständige gedacht. Auch sie werden anhand eines Punktesystems bewertet, bedeutende Faktoren sind hier zum Beispiel Alter, Geschäftserfahrung und finanzielle Mittel.
- Ein Visum der Kategorie **Family** können all diejenigen beantragen, die einen engen Angehörigen in Neuseeland haben oder einen neuseeländischen Staatsbürger heiraten werden.
- Das Visum **Family Quota** richtet sich schließlich an die Einwanderer, die von einer neuseeländischen Familie gesponsert werden.

Einwanderer aller Kategorien müssen außerdem finanzielle Mittel nachweisen, von denen sie die ersten 24 Monate in Neuseeland leben können.

Wer die Einwanderungsbestimmungen nicht erfüllt, kann eine Arbeitserlaubnis (work visa) für Neuseeland beantragen, die maximal drei Jahre gilt. Zusammen mit dem ausgefüllten Antrag müssen Sie folgende Unterlagen einreichen:

- eine Bestätigung Ihres zukünftigen Arbeitgebers in Neuseeland, in der Ihre Tätigkeit, Ihr Gehalt und die Dauer des Beschäftigungsverhältnisses festgehalten sind
- ein Schreiben (das so genannte approval in principal) der neuseeländischen Einwanderungsbehörde, das Ihrem Arbeitgeber bestätigt, dass er Sie anstellen darf. Das ist nicht nötig, wenn Sie Lehrer oder IT-Spezialist sind, in der medizinischen Branche arbeiten oder lediglich ein Praktikum (maximal sechs Monate) absolvieren
- Zeugnisse (Originale oder beglaubigte Kopien auf Englisch oder Deutsch), die Ihre beruflichen Qualifikationen und Ihre Arbeitserfahrung dokumentieren und bestätigen, dass Sie die angebotene Tätigkeit in Neuseeland auch ausführen können
- eine Gebühr von 100,- Euro (bar oder als Verrechnungsscheck, ausgestellt auf New Zealand Immigration Service)
- ein Rückflugticket oder eine Bestätigung des Reisebüros für eine mögliche Rückreise (bei einem Aufenthalt von unter einem Jahr)
- Ihren Originalpass und ein Passfoto neueren Datums
- einen adressierten Rückumschlag mit einer Briefmarke von 3,44 Euro und dem Vermerk „Einschreiben“
- für einen Aufenthalt, der länger als zwei Jahre dauert, zusätzlich ein polizeiliches Führungszeugnis und den Nachweis einer ärztlichen Untersuchung durch einen Vertragsarzt der neuseeländischen Einwanderungsbehörde

Gebühren und Bearbeitungsdauer

Die Gebühren für einen Einwanderungsantrag liegen in den Kategorien General Skills und Business derzeit bei ca. 125,- neuseeländischen Dollar. Für work visa wird eine Bearbeitungsgebühr von 100,- Euro erhoben, die Bearbeitungsdauer liegt bei etwa fünf Wochen.

Weitere Informationen:

Adressen:
Botschaft von Neuseeland
Friedrichstraße 60
10117 Berlin
Tel.: 0 30/20 62 10
Fax: 0 30/20 62 11 14
E-Mail: *nzemb@t-online.de*
Internet: *http://www.immigration.govt.nz*

New Zealand-German Business Association Inc.
Chamber of Commerce Building, 3rd Floor
100 Mayoral Drive
Auckland 1
Neuseeland
Tel.: 00 64/9/3 07 10 66
Fax: 00 64/9/3 09 02 09
E-Mail: *admin@nzgermanbiz-ahk.co.nz*
Internet: *http://www.germantrade.co.nz*

Internetseite:
http://www.immigration.govt.nz : New Zealand Immigration Service

Schweiz

Unser Nachbarland im Südwesten ist zwar nicht unbedingt exotisch und das Wetter ist auch nicht viel anders als in Deutschland, doch trotzdem suchen viele Deutsche in der Schweiz eine neue Heimat. Neben einer höheren Lebensqualität mag in politisch schwierigen Zeiten auch die neutrale Position der Eidgenossenschaft attraktiv für Auswanderer erscheinen. Und wer hätte nicht gern ein Konto in der Schweiz?

Sie sind nicht der oder die Einzige, die diese Idee hat: Die Schweiz hat heute einen Ausländeranteil von 19,4 Prozent, die Schweizer selbst machen 80,6 Prozent der Gesamtbevölkerung aus. Davon sprechen 63,7 Prozent deutsch, 19,2 Prozent französisch, 7,6 Prozent italienisch und 0,6 Prozent der Eidgenossen haben Rätoromanisch als Muttersprache.

Steckbrief

Offizieller Name: Schweizerische Eidgenossenschaft, Confédération suisse, Confederazione svizzera, Confederaziun Svizra (CH)

Fläche: 41.284,5 km^2 (Weltrang 133)

Bevölkerungszahl: 7,3 Millionen

Bevölkerungsdichte: 177 Personen / km^2

Hauptstadt: Bern (127.000 Einwohner)

Staatsform: parlamentarischer Bundesstaat seit 1848

Staats- und Regierungschef: Pascal Couchepin (FDP)

Verwaltung: 20 Vollkantone und sechs Halbkantone

Amtssprachen: Deutsch, Französisch, Italienisch, Rätoromanisch

Währung: 1 Schweizer Franken (sfr) = 100 Rappen (Rp)/Centimes (c)

Nationalfeiertag: 1. August (Rütlischwur im Jahr 1291)

Konfessionen: Katholiken (41,8 Prozent), Protestanten (35,3 Prozent), Sonstige (11,8 Prozent), konfessionslos (11,1 Prozent)

Größte Städte: Zürich (339.000 Einwohner), Genf (173.000), Basel (171.000), Bern, Lausanne (114.000)
Durchschnittliches Bruttosozialprodukt je Einwohner: ca. 42.280,- US-Dollar
Arbeitslosigkeit: 2,8 Prozent

Politisches System

Die Schweiz ist seit 1848 ein parlamentarischer Bundesstaat. Ihr Parlament (Bundesversammlung) besteht aus dem Nationalrat und dem Ständerat. Die 200 Mitglieder des Nationalrates werden alle vier Jahre, die 46 Mitglieder des Ständerates in der Regel ebenfalls alle vier Jahre gewählt, wobei es je nach Kantonsrecht Unterschiede geben kann. Das Staatsoberhaupt wird jährlich im Dezember von der Bundesversammlung gewählt. Darüber hinaus verfügen die 20 Vollkantone und sechs Halbkantone jeweils über eine eigene Verfassung, ein Parlament und eine Regierung, die für die Belange der einzelnen Kantone zuständig sind.

Die wichtigsten Parteien sind die Sozialdemokratische Partei, die Freisinnig-demokratische Partei, die Christlichdemokratische Volkspartei, die Schweizerische Volkspartei sowie die Grüne Partei der Schweiz.

Sozialsystem

Das im Abschnitt „Einwanderungsbestimmungen" (Seite 33ff.) näher erläuterte Abkommen über die Personenfreizügigkeit sieht auch Verbesserungen im Bereich der sozialen Sicherheit vor. Die Europäische Union gewährleistet, dass jemand, der von seinem Freizü-gigkeits- und Aufenthaltsrecht innerhalb der EU Gebrauch macht, sozial nicht schlechter gestellt ist als jemand, der sein ganzes Leben im selben Land verbringt. Die nationalen Sozialversicherungssysteme werden also koordiniert, um Doppelversicherungen oder Versicherungslücken auszuschließen. Grundsätzlich ist ein Arbeitnehmer immer den Rechtsvorschriften des Staates unterworfen, in dem er auch arbeitet. Mit dem Inkrafttreten des Abkommens über die Personenfreizügigkeit hat sich die Schweiz diesen Regelungen angeschlossen, um die Stellung ihrer Staatsangehörigen in den EU-Ländern zu verbessern. Umgekehrt verbessert sich damit aber auch die Position von EU-Bürgern, die in der Schweiz leben – kurz gesagt: In Bezug auf die Sozialversicherung ist die Schweiz den EU-Ländern nun gleichgestellt.

Wirtschaft

Wie im Großteil der Industrieländer sind auch in der Schweiz die meisten Menschen im Dienstleistungsbereich beschäftigt. Rund 67 Prozent der Arbeitsplätze entfallen auf diesen Sektor. Die Industrie macht 28 Prozent aus, die wichtigsten Exportgüter der Schweiz sind Maschinen und Apparate, organische chemische Erzeugnisse, Pharmazeutika, Präzisionsinstrumente und Uhren sowie Edelmetalle und Kunststoffe. Hauptabnehmer ist hier übrigens die Bundesrepublik Deutschland.

Einwanderungsbestimmungen

Am 1. Juli 2002 trat das so genannte Abkommen über die Freizügigkeit in Kraft, das eine schrittweise Öffnung des schweizerischen und europäischen Arbeitsmarktes vorsieht. So erhalten Staatsangehörige der Europäischen Union das Recht, mit ihrer Familie in der Schweiz zu leben und dort zu arbeiten. Auch der Dienstleistungsverkehr zwischen der Schweiz und der EU wird liberalisiert, unter anderem werden Diplome und Berufszeugnisse anerkannt und die Sozialversicherungsleistungen koordiniert.

Dieses Freizügigkeitsabkommen ist vorerst auf sieben Jahre angelegt und läuft in insgesamt fünf Schritten ab:

1. Schritt: Ab dem 1. Juli 2002 sind EU-Bürger, die bereits in der Schweiz arbeiten, den Schweizer Arbeitnehmern gleichgestellt. Für EU-Bürger, die neu in der Schweiz arbeiten wollen, wird zunächst noch eine zahlenmäßige Beschränkung eingeführt: 15.000 Daueraufenthalter und 115.000 Kurzaufenthalter haben hier Anspruch auf eine Aufenthalts- und eine Arbeitsbewilligung. Dabei werden aber Schweizer und niedergelassene Ausländer bei der Anstellung bevorzugt.
2. Schritt: Diese Diskriminierung von EU-Bürgern wird zum 1. Juli 2004 aufgehoben, die zahlenmäßige Beschränkung bleibt jedoch noch erhalten.
3. Schritt: Im Jahre 2007 fällt die zahlenmäßige Beschränkung für EU-Bürger weg, die Schweiz führt vorläufig die vollständige Personenfreizügigkeit mit der EU ein. Allerdings behält sie sich die Wiedereinführung einer Beschränkung vor, falls die Quote der Einwanderer aus dem EU-Raum ein bestimmtes Maß überschreitet.
4. Schritt: Im Jahre 2009 überprüft die Schweiz, ob sie an diesem Abkommen festhalten will oder nicht.
5. Schritt: Wenn ja, dann ist die Personenfreizügigkeit im Jahre 2014 vollständig verwirklicht.

Achtung! Dieses Abkommen wird nicht automatisch auf die Länder ausgeweitet, die im Rahmen der EU-Osterweiterung ab 2004 neu in die Europäische Union aufgenommen werden.

Was bedeutet das aber nun für Sie als potenziellen Auswanderer? Ab 2004 haben Sie also nun dieselben Chancen auf dem Schweizer Arbeitsmarkt wie die Schweizer selbst. Allerdings kann es auf Grund der noch geltenden zahlenmäßigen Beschränkung sein, dass Sie trotzdem (noch) nicht in die Schweiz ziehen dürfen. Diese Beschränkung fällt 2007 weg – dann dürfen Sie sich in der Schweiz ganz normal einen Job suchen, wie in Deutschland oder in den anderen Ländern der Europäischen Union.

Und was müssen Sie tun, wenn Sie in die Schweiz übersiedeln möchten? Wer länger als drei Monate dort bleiben und/oder dort arbeiten möchte, muss sich bei den zuständigen Behörden melden. Er erhält dann eine Aufenthaltsbewilligung, die aber nur mehr bestätigende Wirkung hat.

Diese Aufenthaltsbewilligung kann entweder für einen Kurzaufenthalt oder für einen Daueraufenthalt gelten. Um in den Genuss einer Daueraufenthaltsbewilligung zu kommen, müssen Sie einen Arbeitsvertrag nachweisen, der auf mehr als ein Jahr ausgestellt ist. Dann dürfen Sie automatisch fünf Jahre in der Schweiz bleiben. Besteht das Arbeitsverhältnis danach noch immer, so wird die Bewilligung automatisch verlängert. Bei einem Arbeitsvertrag für weniger als ein Jahr erhalten Sie eine Bewilligung für einen Kurzaufenthalt, der so lange dauert, wie Sie auch arbeiten. Diese Aufenthaltserlaubnis kann jeweils um ein Jahr verlängert werden.

Da bis 2007 die Zahl der EU-Bürger, die in die Schweiz ziehen dürfen, noch begrenzt ist, werden die Kontingente folgendermaßen aufgeteilt: Jeder Kanton bekommt eine gewisse Plangröße an Aufenthaltsbewilligungen zugewiesen. Hat er sein Kontingent erschöpft, so kann er zusätzliche EU-Bürger beschäftigen, falls andere Kantone noch Kontingente zur Verfügung haben.

EU-Bürger, die sich fünf Jahre regulär und ununterbrochen in der Schweiz aufgehalten haben, erhalten eine Niederlassungsbewilligung und dürfen dann für immer im Land bleiben.

Weitere Informationen:

Schweizerische Botschaft
Otto-von-Bismarck-Allee 4 A
10557 Berlin
Tel.: 0 30/3 90 40 00
Fax: 0 30/3 91 10 30
E-Mail: *vertretung@botschaft-schweiz.de*
Internet: *http://www.botschaft-schweiz.de*

Handelskammer Deutschland-Schweiz
Tödistraße 60
CH-8002 Zürich
Tel.: 00 41/1/2 83 61 61
Fax: 00 41/1/2 83 61 00
E-Mail: *auskunft@handelskammer-d-ch.ch*
Internet: *http://www.handelskammer-d-ch.ch*

Südafrika

Südafrika ist mit Abstand eines der reichsten Länder Afrikas und hat schon immer Einwanderer aus aller Welt angezogen. Neubürger finden in den Städten den Komfort europäischer Großstädte mit einer gut funktionierenden Wirtschaft und einem hervorragenden Gesundheitssystem. Darüber hinaus beeindruckt die vielfältige Landschaft mit herrlichen Sandstränden, Savannen, Wüsten und Gebirgen. Kaum ein Land verfügt über einen größeren Tierreichtum, unter anderem lassen sich in den 18 großen Nationalparks – darunter der weltbekannte Krüger-Nationalpark – Löwen, Nashörner, Giraffen und Elefanten beobachten. Auch das milde Klima mit 250 Sonnentagen im Jahr zieht viele Menschen ans andere Ende der Welt.

Allerdings hat dieses wunderschöne Land auch seine Schattenseiten, denn die jahrzehntelange Politik der Apartheid blieb nicht ohne Folgen. So bestehen nach wie vor extreme Unterschiede im Lebensstandard von Schwarz und Weiß, die sich unter anderem in einer hohen Kriminalitätsrate vor allem in Großstädten wie Johannesburg oder Durban auswirken. Auch durch die hohe Zahl der Aidserkrankungen gerät Südafrika immer wieder in die Schlagzeilen. Dies schreckt jedoch potenzielle Einwanderer nicht ab, die sich hier auf die Suche nach einem besseren Leben machen wollen.

Rund 76 Prozent der Einwohner des Landes sind Schwarzafrikaner, 13 Prozent sind Weiße, acht Prozent Mischlinge und drei Prozent Asiaten.

Steckbrief

Offizieller Name: Republic of South Africa, Republiek van Suid-Afrika (SA bzw. RSA)

Fläche: 1.219.080 km^2 (Weltrang 24)

Bevölkerungszahl: 44,2 Millionen

Bevölkerungsdichte: 36 Personen / km^2

Hauptstadt: Pretoria (1,3 Mio. Einwohner)

Staatsform: Republik im Commonwealth seit 1961

Staats- und Regierungschef: Thabo Mbeki (ANC)

Verwaltung: neun Provinzen (Kwazulu/Natal, Nord-Provinz, Nord-Kap, Nordwest, Freistaat, Ost-Kap, Mpumalanga, Gauteng und West-Kap-Land)

Amtssprachen: Englisch, Afrikaans sowie verschiedene einheimische Sprachen (Ndebele, Nordsotho, Südsotho, Setswana, Swati, Tsonga, Venda, Xhosa, Zulu)

Währung: 1 Rand (R) = 100 Cents

Nationalfeiertag: 27. April (Freiheitstag)

Konfessionen: Christen (87 Prozent), Anhänger von Naturreligionen (10 Prozent), Muslime (1,2 Prozent)
Größte Städte: Cape Town (Kapstadt, 2,4 Mio. Einwohner), Johannesburg (1,9 Mio.), Pretoria, Durban (1,1 Mio.), Soweto (597.000)
Durchschnittliches Bruttosozialprodukt je Einwohner: ca. 2.820,- US-Dollar
Arbeitslosigkeit: 37 Prozent

Politisches System

Südafrika verfügt heute über zwei Hauptstädte: Pretoria mit dem Regierungssitz und Kapstadt mit dem Sitz des Parlamentes.

Das Parlament setzt sich aus der Nationalversammlung (Unterhaus) und dem Nationalrat der Provinzen zusammen. Das Unterhaus hat mindestens 360, höchstens jedoch 400 Abgeordnete, die alle fünf Jahre gewählt werden. Der Nationalrat hat 90 Mitglieder. Der Staats- und Regierungschef wird ebenfalls alle fünf Jahre von der Nationalversammlung gewählt. Die wichtigsten Parteien sind der African National Congress (ANC), die National Party, die Inkatha Freedom Party, die Vryheidsfront-Freedom-Party, die liberale Democratic Party sowie der Pan African Congress of Azania.

Nach dem Ende der Apartheid im Jahre 1994 trat eine Übergangsverfassung in Kraft, die 1996 von einer neuen südafrikanischen Verfassung abgelöst wurde. Diese setzt sich das Ziel einer Gesellschaft auf der Grundlage demokratischer Werte, sozialer Gerechtigkeit und der Menschenrechte. Darüber hinaus verbietet sie jede Art der Diskriminierung auf Grund von Rassenzugehörigkeit, Geschlecht, sozialer Stellung oder Religionszugehörigkeit – ein großer Schritt für ein Land, das jahrzehntelang durch die Politik der Apartheid regiert wurde.

Sozialsystem

Über Jahrzehnte hinweg wurden der schwarzen Bevölkerung Südafrikas Möglichkeiten, eine höhere Bildung zu erlangen, verwehrt, daher sind diese Menschen auch kaum in der Lage, lukrative Berufe auszuüben und sich so einen gewissen Lebensstandard zu sichern. Zwar hat man in den letzten Jahren versucht, mit Hilfe des Umbau- und Entwicklungsprogramms RDP diese sozialen Unterschiede zwischen der wohlhabenden weißen Oberschicht und den größtenteils mittellosen Schwarzen abzuschwächen und neue Arbeitsplätze zu schaffen, doch sind sie auch zehn Jahre nach dem Ende der Apartheid noch extrem. Zahlreiche Hilfsorganisationen versuchen eine Versorgung von Kranken, Arbeitslosen und Bedürftigen zu gewährleisten, aber es fehlt nach wie vor an allen Ecken und Enden. Dazu kommt noch die hohe Zahl an HIV-Infektionen, die das Land vor weitere gesellschaftliche Probleme stellt.

Für Einwanderer bedeutet dies: Es gibt Hunderttausende, wenn nicht gar Millionen Menschen im Land, die das wenige Geld, das dem Staat für soziale Belange zur Verfügung steht, viel, viel dringender brauchen als die Neuankömmlinge aus Europa. Wer Südafrika zu seiner neuen Heimat erwählen will, sollte daher über genügend finanzielle Mittel verfügen, um sich im Falle eines Falles selbst zu versorgen.

Wer das nötige Kleingeld mitbringt, kann zumindest in den Städten eine sehr gute *medizinische Versorgung* erwarten. Die Kosten für die Benutzung der öffentlichen Gesundheitseinrichtungen richten sich dabei nach dem Einkommen des Patienten.

Wirtschaft

Mit dem Ende der Apartheid wurden sämtliche internationalen Wirtschaftssanktionen gegen Südafrika aufgehoben. Das bescherte nicht nur der Wirtschaft des Landes einen großen Aufschwung, da es seine Güter nun wieder in alle Welt exportieren konnte, sondern zog auch zahlreiche Einwanderer aus aller Welt an, die sich von der wirtschaftlichen und politischen Aufbruchsstimmung geschäftliche Vorteile erhofften.

Südafrika besitzt eines der größten Goldvorkommen der Welt, rund die Hälfte alles Goldes stammt aus dem Land am Kap. Darüber hinaus verfügt es vor allem über Uran, Platin, Kupfer, Eisen, Diamanten, Edel- und Halbedelsteine. Auf diesen Reichtum an Bodenschätzen und ihren weltweiten Export gründet sich denn auch der wirtschaftliche Wohlstand des Landes. Zwischen 40 und 50 Prozent der Industrieproduktion und des Bergbaus des gesamten schwarzen Kontinents entfallen auf Südafrika.

Neben den Bodenschätzen und ihrem Abbau spielt die Industrie eine bedeutende Rolle in der Wirtschaft. Unter anderem werden hier chemische Produkte, Textilien, Maschinen, Kraftfahrzeugteile, Gummiwaren, Papier und Präzisionsinstrumente hergestellt und in alle Welt exportiert.

Ein weiterer wichtiger Faktor ist die Landwirtschaft. Es werden Mais, Weizen, Zuckerrohr, Baumwolle, Tabak und Zitrusfrüchte angebaut und neben Produkten aus der Rinder- und Schafzucht (vor allem Wolle) exportiert. Südafrikanische Weine erfreuen sich ebenfalls großer Beliebtheit in aller Welt.

Das Ende der Apartheidspolitik hat auch dem Tourismus einen großen Aufschwung beschert. Allein zwischen 1994 und 1995 nahm die Zahl ausländischer Besucher um etwa 50 Prozent zu, in den folgenden Jahren entwickelte sich Südafrika zu einem beliebten Fernreiseziel, was ihm viele Einnahmen bringt.

Alle genannten Faktoren ließen das Land am Kap zum industrialisiertesten Staat auf dem schwarzen Kontinent werden, doch darf man über all dieser Euphorie nicht vergessen, dass die Arbeitslosenquote hier sehr hoch ist und rund 60 Prozent der schwarzen Bevölkerung am Rand der Armutsgrenze leben. Es ist daher nicht auszuschließen, dass auch die weiße Bevölkerung in Zukunft Abstriche hinsichtlich ihres Lebensstandards wird machen müssen.

Einwanderer aus Deutschland finden hier übrigens rund 400 Niederlassungen deutscher Firmen – vielleicht ist ja Ihr zukünftiger Arbeitgeber dabei?

Einwanderungsbestimmungen

Wer nach Südafrika einwandern möchte, muss eine *Daueraufenthaltsgenehmigung* (permanent residence permit) beantragen. Die erhalten jedoch nur qualifizierte Antragsteller. Angesichts des nach wie vor schlechten Bildungsstandes der schwarzen Bevölkerung und der hohen Arbeitslosigkeit haben Ungelernte keinerlei Chance, für immer im Land am Kap zu bleiben, wie die südafrikanische Einwanderungsbehörde immer wieder betont. Gern gesehene Neubürger sind dagegen hoch qualifizierte Fachkräfte, finanziell unabhängige Personen und Investoren.

Voraussetzung für eine Daueraufenthaltsgenehmigung ist ein definitives Arbeitsangebot, in dem der zukünftige Arbeitgeber Angaben über die angebotene Position, das Monats- bzw. Jahresgehalt, sonstige Leistungen sowie über den Zeitraum der Beschäftigung (unbefristet) machen muss: Außerdem muss der Arbeitgeber offen legen, ob der Bewerber einem Eignungstest unterzogen wurde oder ob er ein Vorstellungsgespräch absolviert hat. Schließlich muss er auch angeben, warum er die Stelle nicht mit einem Südafrikaner besetzen konnte. Dieses Arbeitsangebot darf bei Vorlage bei der Einwanderungsbehörde nicht älter als sechs Monate sein.

Zusätzlich benötigt ein potenzieller Einwanderer Dokumente, die seine nachschulischen Qualifikationen sowie seine berufliche Ausbildung belegen. Sie müssen entweder im Original oder als beglaubigte Fotokopie vorgelegt werden. Ebenso sind berufliche Referenzen nötig. Schließlich muss ein Antragsteller auch mindestens eine der beiden offiziellen Landessprachen Englisch oder Afrikaans beherrschen, darf nicht an einer ansteckenden Krankheit leiden und muss ein sauberes Führungszeugnis vorweisen.

War Südafrika zu Zeiten der Apartheid noch eine beliebte Fluchtburg für politisch eher rechts stehende Zeitgenossen, so verbietet die südafrikanische Regierung heute all denjenigen die Einwanderung, die „Mitglieder oder Anhänger von Gruppierungen oder Organisationen, die Rassismus befürworten" sind.

Halten Sie die heiß ersehnte Daueraufenthaltsgenehmigung endlich in Ihren Händen, so müssen Sie innerhalb eines Jahres ab dem Ausstellungsdatum in Südafrika eingetroffen sein, sonst verfällt sie wieder.

Wer als finanziell unabhängige Person einwandern möchte, muss ein Vermögen von 20 Millionen Rand mitbringen. Etwas billiger kommt man davon, wenn man in Südafrika eine Firma gründet. Allerdings muss man dann nach einem Jahr nachweisen, dass sie auch wirklich rentabel arbeitet und dass mindestens zwei Südafrikaner eingestellt wurden.

Weitere Einwanderungsgründe sind:

- Familienzusammenführung
- geplante Heirat mit einem Südafrikaner
- Einstieg in eine bereits existierende südafrikanische Firma
- Ruhestandseinwanderung

Gebühren und Bearbeitungsdauer

Für die Antragstellung wird eine Gebühr von 152,- Euro fällig. Über die Bearbeitungsdauer liegen keine Angaben vor.

Weitere Informationen:

Botschaft der Republik Südafrika
Tiergartenstraße 18
10785 Berlin
Tel.: 0 30/22 07 30
Fax: 0 30/22 07 31 90
E-Mail: *botschaft@suedafrika.org*
Internet: *http://www.suedafrika.org*

Southern African-German Chamber of Commerce and Industry Ltd.
47 Oxford Road
(Entrance Waltham Road)
2193 Forest Town/Johannesburg
Tel.: 00 27/11/4 86 27 75
Fax: 00 27/11/4 86 36 25
E-Mail: *info@germanchamber.co.za*
Internet: *http://www.germanchamber.co.za*

USA

Die Vereinigten Staaten von Amerika – das Land der unbegrenzten Möglichkeiten. Schon seit jeher war es Ziel von Auswanderern aus aller Welt und auch heute träumen noch Hunderttausende von Menschen von einem besseren Leben jenseits des großen Teiches. Für rund 15.000 Deutsche wurde dieser Traum letztes Jahr wahr: Die USA sind noch immer das Hauptziel deutscher Auswanderer.

Und weshalb wollen Sie nach Amerika auswandern? Zieht es Sie nach New York, in die Stadt, die niemals schläft? Wollen Sie in Hollywood Stars und Sternchen treffen? In der Glitzerstadt Las Vegas Ihr

Glück versuchen? Oder träumen Sie von Cowboy-Romantik in den Rocky Mountains oder von den sonnigen Stränden Floridas? Die USA sind ein vielseitiges Land, in dem jeder Einwanderer versucht, seinen ganz privaten amerikanischen Traum zu verwirklichen. Dieser Zustrom von Menschen aus aller Welt hat in den USA ein buntes Völkergemisch entstehen lassen, das im „melting pot" zu einer multikulturellen Gesellschaft verschmilzt. Rund 82 Prozent der Bevölkerung sind Weiße (davon etwa neun Prozent hispanischer Abstammung), 13 Prozent Schwarze, vier Prozent Asiaten und nur noch ein Prozent Indianer. Dazu kommen noch zwischen fünf und elf Millionen illegale Einwanderer, überwiegend Latinos.

Auf Grund der Größe des Landes gibt es in den USA kein einheitliches Klima, die meisten Regionen liegen jedoch in den gemäßigten Breiten, lediglich in einigen Staaten des Südens herrscht subtropisches Klima. Außerdem finden sich im Südwesten wüstenartige Zonen.

Leider sind die Möglichkeiten in den USA – im Widerspruch zu ihrem verheißungsvollen Beinamen – durchaus begrenzt, und so hat das Land die Zahl seiner Neubürger seit 1995 auf 675.000 Personen pro Jahr beschränkt.

Steckbrief

Offizieller Name: United States of America (USA)
Fläche: 9.809.155 km^2 (Weltrang 3)
Bevölkerungszahl: 285 Millionen
Bevölkerungsdichte: 29 Personen / km^2
Hauptstadt: Washington D.C. (572.000 Einwohner)
Staatsform: präsidiale Bundesrepublik seit 1789
Staats- und Regierungschef: George W. Bush (Republikaner)
Verwaltung: 50 Bundesstaaten und der District of Columbia (DC) mit der Hauptstadt Washington

Amtssprachen: Englisch, Spanisch (regional)
Währung: 1 US-Dollar (US-$) = 100 Cents
Nationalfeiertag: 4. Juli (Unabhängigkeitstag)
Konfessionen: Protestanten (56 Prozent), Katholiken (28 Prozent), Juden (2 Prozent), Sonstige (4 Prozent), religionslos (10 Prozent)
Größte Städte: New York (7,4 Mio. Einwohner), Los Angeles (3,6 Mio.), Chicago (2,7 Mio.), Houston (1,7 Mio.), Philadelphia (1,5 Mio.)
Durchschnittliches Bruttosozialprodukt je Einwohner: ca. 34.280,- US-Dollar
Arbeitslosigkeit: 5,8 Prozent

Politisches System

Das amerikanische Parlament (Congress) besteht aus dem Repräsentantenhaus (House of Representatives) und dem Senat (Senate). Das Repräsentantenhaus hat 435 Mitglieder, die alle zwei Jahre gewählt werden. Die 100 Senatsmitglieder werden auf sechs Jahre gewählt, allerdings finden alle zwei Jahre Senatswahlen statt, in denen ein Drittel der Senatoren ausgetauscht wird. Die USA haben ein Zwei-Parteien-System: die Republikaner und die Demokraten.

Dass die Wahl des Präsidenten nicht immer ganz einfach ist, hat das Chaos im Jahr 2000 gezeigt, als sich George W. Bush nur ganz knapp gegen seinen Konkurrenten Al Gore durchsetzen konnte. Nach einer Reihe von Pannen bei der Auszählung gaben letztendlich die Briefwähler von Florida den Ausschlag für das Ergebnis. In der Theorie klingt jedoch alles ganz einfach: Sie besagt, dass der Präsident alle vier Jahre indirekt durch 538 Wahlmänner gewählt wird. Er kann nur einmal wiedergewählt werden.

Die amerikanische Verfassung ist die älteste gültige Verfassung der Welt und diente vielen anderen Verfassungen als Vorbild. Fest in ihr verankert ist der Glaube an die Freiheit eines jeden Individuums und an die Gleichheit aller, der maßgebend für das Selbstbild der Amerikaner ist. Darüber hinaus haben die einzelnen Bundesstaaten eigene Verfassungen, die ihnen erlauben, ihre eigenen Steuern zu erheben und Gesetze zu erlassen, die allerdings nicht mit den Bundesgesetzen kollidieren dürfen. Eines der umstrittensten Rechte ist das Recht, Waffen zu tragen, das in der amerikanischen Verfassung verankert ist und es wohl auch für immer bleiben wird.

Sozialsystem

Die USA sind die reichste Industrienation der Welt, doch sind sie deshalb ein Wohlfahrtsstaat? Keineswegs, denn ein einheitliches Sozialsystem, so wie wir es aus Deutschland kennen, gibt es dort nicht. Lediglich das *Rentensystem* wird bundesweit geregelt. Seinen Ursprung hat dieses unzureichende Sozialsystem im Pioniergeist der ersten Einwanderer und in der Betonung des Individualismus: Jeder ist für sich selbst verantwortlich, auf die Hilfe des Staates kann keiner vertrauen. Doch leider schafft es nicht jeder allein, und so sind die USA zwar einerseits das reichste Land der Welt, andererseits sind sie aber auch die Industrienation mit dem größten Anteil an Menschen, die unter der Armutsgrenze leben.

Man mag es kaum glauben: In den USA besteht keine Krankenversicherungspflicht. Es gibt zwar zwei staatliche Programme zur *Krankenversorgung*, doch wenden sie sich nur an bestimmte Personengruppen: *Medicare* an Menschen über 65, Blinde und Behinderte und *Medicaid* an Menschen, die unterhalb der Armutsgrenze leben. Wer sich keine Privatversicherung leisten kann, aber auch nicht arm genug für eines dieser Programme ist, verzichtet häufig ganz auf eine Krankenversicherung. Rund 16 Prozent der Amerikaner genießen im Krankheitsfall keinerlei Versicherungsschutz. Die Mehrheit ist jedoch privat versichert, häufig kann man sich über den Arbeitgeber versichern lassen – das ist günstiger, als auf eigene Faust eine Krankenversicherung abzuschließen.

Falls Sie sich für eine private Krankenversicherung entscheiden (und das ist nur zu empfehlen), sollten Sie Folgendes wissen: Wie in Deutschland gibt es auch in den USA Versicherungen mit Selbstbehalt (co-payment). Überlegen Sie also gut, was für Sie die günstigere Variante ist. Einige Versicherungen schließen auch Leistungen bei bestimmten Krankheiten aus, zum Beispiel bei Aids oder bei Unfällen in Risikosportarten.

Die medizinische Versorgung in den USA ist hervorragend, wenn nicht sogar die beste der Welt. Allerdings sind medizinische Leistungen hier auch am teuersten – unter anderem deswegen, weil die Ärzte hohe persönliche Haftpflichtversicherungen abschließen müssen, falls sie wegen einer Fehldiagnose verklagt werden. Die Prozessfreudigkeit der Amerikaner hat auch im wörtlichen Sinn ihren Preis, dafür werden Patienten aber auch umfassend über jeden einzelnen Behandlungsschritt und dessen mögliche Folgen informiert, damit hinterher niemand sagen kann, er hätte von nichts gewusst. Das amerikanische Gesundheitssystem hat also mit einem interessanten Paradox aufzuwarten: Einerseits bietet es eine medizinische Versorgung auf höchstem Niveau, andererseits können sich dieses hohe Niveau immer weniger Menschen leisten.

Etwas besser sieht es mit dem amerikanischen *Rentenversicherungssystem* aus, denn das ist immerhin bundesweit einheitlich geregelt. Renten werden aus der Kasse der amerikanischen Sozialversicherung bezahlt, die zu gleichen Teilen von Arbeitgebern und Arbeitnehmern finanziert wird. Darüber hinaus erhalten ehemalige Bundesbeamte sowie pensionierte Angestellte der einzelnen Bundesstaaten Sonderrenten. Angestellte privater Betriebe gehören außerdem häufig betrieblichen Pensionskassen an, aus denen sie ebenfalls Leistungen beziehen. Übersteigen die Bezüge eine bestimmte Höhe, so werden 50 Prozent der gesamten Zahlungen besteuert.

Wer einen Anspruch auf gesetzliche Rente erwerben will, muss während einer bestimmten Anzahl von Quartalen eine bestimmte, jährlich neu festgelegte Summe in einer versicherungspflichtigen Tätigkeit verdient haben.

Die *Arbeitslosenunterstützung* liegt im Verantwortungsbereich der einzelnen Bundesstaaten und wird weitgehend durch die Besteuerung der Arbeitgeber finanziert. Wer seinen Job verliert, erhält in der Regel 26 Wochen lang rund die Hälfte des Arbeitslohnes – Dauer und Höhe der Bezüge können von Staat zu Staat variieren. Danach muss der Arbeitslose Sozialhilfe beantragen.

Nicht nur um in den Anspruch von Sozialleistungen zu kommen, benötigt jeder Amerikaner und auch jeder Neubürger des Landes eine so genannte *Social Security Card.* Sie dient nämlich – in einem Land, in dem es keine Personalausweise gibt – neben dem Führerschein zur Identifizierung einer Person. Ohne diese Karte kann man nicht arbeiten, kein Konto eröffnen und keine Steuern bezahlen – mit anderen Worten: Wer keine Social Security Card besitzt, existiert praktisch nicht. So ist es denn auch gesetzlich vorgeschrieben, dass jeder Einwanderer eine Sozialversicherungsnummer beantragt. Dies erledigen Sie am besten schon, bevor Sie endgültig in die USA ziehen, beim regionalen Social Security Office . Dazu benötigen Sie die folgenden Dokumente:

- Reisepass
- Aufenthaltserlaubnis (Green Card oder entsprechendes Visum)
- Geburtsurkunde

Etwa zwei Wochen später haben Sie dann Ihre Social Security Card.

Wirtschaft

Die USA gelten nach wie vor als Musterland der freien Marktwirtschaft – das heißt, der Markt, sprich: die Konsumenten und Hersteller, bestimmen Produktion und Preisgestaltung, die Regierung hat dabei nur wenig mitzureden. Und die Konsumenten in aller Welt scheinen die amerikanischen Produkte zu lieben: Egal ob Coca Cola, McDonalds oder Nike – amerikanische Konsumgüter sind heute auch im entlegensten Flecken der Erde zu finden und sind eben nicht nur irgendein Erfrischungsgetränk oder irgendein Turnschuh, sondern repräsentieren auch einen bestimmten Lebensstil, den American Way of Life.

Die Entwicklung der USA zur Wirtschaftsmacht Nummer eins wurde durch mehrere Faktoren begünstigt. Zum einen verfügt das Land über reichliche Vorräte an natürlichen Ressourcen (unter anderem Kohle, Erdöl, Erdgas, Bauxit, Eisenerz, Gold, Silber, Kupfer, Uran, Zink und Salz), zum anderen brachte der große Strom von Einwanderern aus aller Welt billige Arbeitskräfte ins Land. Außer mit Petroleum und Chemikalien kann es sich heute komplett selbst versorgen.

In den 90er Jahren erlebte die amerikanische Wirtschaft einen Höhenflug, wie ihn selbst das Land der unbegrenzten Möglichkeiten zuvor nicht gekannt hatte: das längste kontinuierliche Wachstum in der Geschichte der amerikanischen Wirtschaft. Vor allem im Bereich der Computerindustrie, der Telekommunikation und der Biowissenschaften stieg die Entwicklung ins Unermessliche. Der alte amerikanische Traum „vom Tellerwäscher zum Millionär“ schien nach wie vor greifbar zu sein. Wen wundert es da noch, dass Bill Gates, der reichste Mann der Welt, ein Amerikaner ist?

Anfang des neuen Jahrtausends sieht es jedoch schon wieder anders aus: Nach dem Zusammenbruch der New Economy müssen viele Ex-Millionäre ihren Lebensunterhalt nun wieder als Tellerwäscher verdienen und auch in anderen Bereichen hat die amerikanische Wirtschaft einen ziemlichen Dämpfer bekommen.

Wie in den meisten Industrieländern entfällt auch in den USA der größte Teil der Arbeitsplätze auf den Dienstleistungssektor (73 Prozent). Etwa 24 Prozent der Amerikaner sind in der Industrie beschäftigt, dabei vor allem im Bereich Maschinenbau und Transportwesen. Weitere wichtige Industriezweige sind Stahl- und Raumfahrtindustrie, Fahrzeugproduktion, Telekommunikation, Elektro- und Computertechnik, chemische Industrie, Arzneimittelproduktion sowie die Medien- und Unterhaltungsindustrie. Im Bereich der Landwirtschaft arbeiten nur noch drei Prozent der Bevölkerung. Hier spielen vor allem die großen Ebenen im Mittelwesten eine wesentliche Rolle. Angebaut werden vor allem Weizen, Mais, Soja, Baumwolle, Zitrusfrüchte und Reis, auch die Viehzucht ist ein bedeutender Wirtschaftsfaktor.

Obwohl gerade im Dienstleistungsbereich in den letzten Jahren und Jahrzehnten unzählige neue Arbeitsplätze geschaffen wurden, sind viele dieser Jobs weder gut bezahlt, noch erhalten die Beschäftigten angemessene Sozialleistungen. Auch der gesetzlich vorgeschriebene Mindestlohn wurde in den letzten Jahren nur wenig erhöht. Dennoch ist der amerikanische Arbeitsmarkt immer noch relativ flexibel und die Arbeitslosenzahlen sind derzeit geringer als in Deutschland. Das macht die USA nach wie vor zu einem attraktiven Ziel für Auswanderer, vor allem für hoch qualifizierte Arbeitnehmer oder Akademiker.

Einwanderungsbestimmungen

Eine Besonderheit des amerikanischen Einwanderungssystems ist die Green-Card-Lotterie, die offiziell Diversity Immigrant Visa Program heißt und im Kapitel „USA: die Green-Card-Lotterie“ (Seite 34 ff.) näher behandelt wird. Wer allerdings nicht auf die Glücksfee vertrauen will (die Chancen liegen angeblich zwischen 1:15 und 1:20) oder nun schon zum wiederholten Male bei der Verlosung leer ausging, kann sein Schicksal auch selbst in die Hand nehmen und einen „normalen" Einwanderungsantrag stellen.

Neben den 55.000 Visa aus der Green-Card-Lotterie gibt es noch zwei weitere Einwanderungskategorien: Family-based (mindestens 226.000 Visa pro Jahr) und Employment-based (mindestens 140.000 Visa pro Jahr).

Personen, die in der Kategorie **Family-based** in die USA einwandern möchten, werden wiederum in vier Kategorien eingeteilt:

- **First Preference:** unverheiratete Kinder von US-Bürgern und deren Kinder
- **Second Preference:** Ehegatten und Kinder von Angehörigen anderer Nationalitäten, die jedoch eine unbegrenzte Aufenthaltserlaubnis für die USA besitzen
- **Third Preference:** verheiratete Kinder von US-Bürgern und deren Ehepartner und Kinder
- **Fourth Preference:** Brüder und Schwestern von US-Bürgern sowie deren Ehegatten und Kinder, sofern die US-Bürger älter sind als 20 Jahre

Für Bewerber in der Kategorie **Employment-based** gibt es ebenfalls Unterkategorien:

- **Priority Workers** (EB-1): Personen mit überragenden Fähigkeiten auf den Gebieten Wissenschaft, Kunst, Bildung, Wirtschaft oder Sport, herausragende Professoren oder Forscher und bestimmte Führungskräfte oder Manager (28,6 Prozent der Visa). Falls Sie sich davon angesprochen fühlen, Vorsicht: Ihre überragenden Fähigkeiten müssen Sie nämlich nachweisen, zum Beispiel durch anerkannte Preise oder Auszeichnungen, die Sie verliehen bekommen oder gewonnen haben, Veröffentlichungen in bedeutenden Medien, künstlerische Ausstellungen oder durch überdurchschnittliche Einnahmen in Ihrem Spezialgebiet. Na, fühlen Sie sich jetzt immer noch so sicher?

- **Members of the Professions** (EB-2): Berufstätige mit höheren Bildungsabschlüssen (über dem Bakkalaureat) und Personen mit außergewöhnlichen Fähigkeiten in Wissenschaft, Kunst oder Wirtschaft (28,6 Prozent). Nachweise für diese Qualifikation sind unter anderem Ihr Universitäts-Abschlusszeugnis (Diplom, Magisterurkunde u.Ä.), die Mitgliedschaft in einer beruflichen Vereinigung oder zehn Jahre Berufserfahrung.
- **Professionals, Skilled and Unskilled Workers** (EB-3): Berufstätige mit Hochschulbildung (B.A.), Facharbeiter mit mindestens zwei Jahren Berufserfahrung und andere Arbeitskräfte, die in den USA gesucht werden (28,6 Prozent)
- **Special Immigrants** (EB-4): im kirchlichen Bereich Tätige, wie zum Beispiel Pfarrer, Angestellte internationaler Organisationen und ihre unmittelbaren Angehörigen sowie empfohlene derzeitige und ehemalige Angestellte der amerikanischen Regierung (7,1 Prozent)
- **Investoren:** Personen, die Arbeitsplätze für mindestens zehn nicht mit ihnen verwandte Personen schaffen und Kapital in eine neues Wirtschaftsunternehmen in den USA investieren. Das Mindestkapital beträgt – abhängig von der jeweiligen Region – zwischen 500.000 und einer Million US-Dollar.

In den Kategorien Priority Workers, Special Immigrants und Investoren können Sie den Einwanderungsantrag selbst stellen, in den anderen Fällen muss Ihr zukünftiger Arbeitgeber den Antrag beim Bureau of Citizenship and Immigration Services (BCIS) im Department of Homeland Security einreichen. Welche Formulare Sie dazu benötigen, erfahren Sie auf der Website der amerikanischen Botschaft.

Darüber hinaus behalten sich die USA vor, bestimmten Personen die Einreise zu verweigern. Dazu gehören Menschen, die

- an einer ansteckenden Krankheit, etwa Tuberkulose, leiden, eine gefährliche seelische oder körperliche Störung haben oder drogenabhängig sind
- schwere Verbrechen begangen haben, zum Beispiel Drogenhandel, Prostitution oder Zuhälterei
- Terroristen, subversive Kräfte, Anhänger einer totalitären Partei oder ehemalige Nazi-Kriegsverbrecher sind
- unter Umständen der Wohlfahrt zur Last fallen könnten
- auf illegale Weise in die USA eingereist sind
- keine amerikanischen Staatsbürger werden können

Bei der Antragstellung müssen Sie übrigens an Eides statt versichern, dass Ihre Angaben wahrheitsgemäß sind – und diese Angaben werden auch überprüft, darauf können Sie sich verlassen: Schummeln lohnt sich also nicht, denn wenn Sie ertappt werden, droht Ihnen Einreiseverbot auf Lebenszeit oder – wenn Sie bereits in den USA leben – die sofortige Ausweisung.

Kommen Sie für eine Einwanderung in Frage, so benötigen Sie zusätzlich zu Ihrem Einwanderungsantrag die folgenden Dokumente:

- bei einer Einwanderung in der Kategorie Family-based ein Affidavit of Support (Formular I-864), das Ihr Verwandter ausfüllen muss und in dem er für Sie bürgt. Das bedeutet, er muss für Sie und alle anderen finanziell von ihm abhängigen Angehörigen 125 Prozent mehr Geld zur Verfügung haben, als durch die Armutsgrenze festgelegt wird.

- Einwanderer in der Kategorie Employment-based müssen belegen, dass sie ihren Lebensunterhalt selbst bestreiten können
- einen gültigen Reisepass
- die Geburtsurkunde
- ein polizeiliches Führungszeugnis
- ein Gesundheitszeugnis: Jeder potenzielle Einwanderer muss sich von einem Vertragsarzt der amerikanischen Botschaft untersuchen lassen. Die Kosten dafür hat er selbst zu tragen

Falls sich in einer Kategorie mehr Personen qualifizieren als Visa vorhanden sind, werden die Visa nach dem Eingangsdatum des Antrags vergeben. Gehen Sie dabei leer aus, so kommen Sie für das nächste Jahr auf eine Warteliste. Unter Umständen müssen Sie also auch nach erfolgreichem Antrag mehrere Jahre auf Ihr Visum warten. Kündigen Sie also keine Wohnungen, Jobs oder Ähnliches, bevor Sie für Ihr Visum nicht tatsächlich haben. Ab diesem Moment haben Sie nämlich sechs Monate Zeit, um in die USA einzureisen – das müssten Sie doch schaffen, oder?

Wer nach seiner Einwanderung bereits fünf Jahre in den USA gelebt hat, kann schließlich die Einbürgerung und damit die amerikanische Staatsangehörigkeit beantragen. Weitere Voraussetzungen dafür sind:

- keine Vorstrafen
- elementare Kenntnisse der englischen Sprache in Wort und Schrift
- die erfolgreiche Absolvierung eines Multiple-Choice-Tests zur amerikanischen Geschichte

Außerdem muss ein Neu-Amerikaner auf die Wahrung der amerikanischen Verfassung schwören und einige Fragen rund um die Verfassung und ihre Bedeutung beantworten können.

Gebühren und Bearbeitungsdauer

Die Bearbeitungsgebühr für den Visumsantrag beträgt momentan 335,- US-Dollar pro Person. Falls Ihr Antrag abgelehnt wird, erhalten Sie dieses Geld aber nicht zurück.

Zur Bearbeitungsdauer können keine pauschalen Angaben gemacht werden.

Weitere Informationen

Botschaft der Vereinigten Staaten von Amerika
Neustädtische Kirchstraße 4-5
10117 Berlin
Tel.: 0 30/83 05-0
Fax: 0 30/2 38 62 90
Internet: *http://www.usembassy.de*

German American Chamber of Commerce
Tower 49
12 East 49th Street, 24th Floor
New York, NY 10017 -1028
USA
Tel.: 0 01/212/9 74 88 30
Fax: 0 01/212/9 74 88 67
E-Mail: *info@gaccny.com*
Internet: *http://www.gaccny.com*

Außerdem gibt es eine bundesweite Beratungsstelle für Menschen, die in die USA auswandern möchten:

The American Dream
USA Services GmbH
Heinsestraße 16
13467 Berlin
Tel.: 01 80/5 11 05 11
Fax: 01 80/5 11 05 12
E-Mail: *info@americandream.de*
Internet: *http://www.americandream.de*

Anhang

Man muss nicht alles wissen – man muss nur wissen, wo man es nachschlagen kann. Getreu diesem Motto finden Sie im Folgenden wichtige Adressen, Internetseiten und Literaturhinweise, mit Hilfe derer Sie sich weitere Informationen rund um das Thema Auswandern beschaffen können.

Adressen

Auswärtiges Amt
Werderscher Markt 1
10117 Berlin
Tel.: 0 18 88/17-0
E-Mail: *poststelle@auswaertiges-amt.de*
Internet: *http://www.auswaertiges-amt.de*

Emigration Contacts & Consulting
Ralf Fodor
Brauhofstraße 4
10587 Berlin
Tel.: 0 30/3 42 95 59
Fax: 0 30/3 42 95 59
E-Mail: *ECC.Fodor@t-online.de*
(Beratung für alle Länder)

Institut für Auslandsbeziehungen (IfA)
Charlottenplatz 17
70173 Stuttgart
Tel.: 07 11/22 25-0
E-Mail: *info@ifa.de*
Internet: *http://www.ifa.de*

European Relocation Association (Eura)
P.O. Box 189,
Diss
IP22 1PE
Großbritannien
E-Mail: *info@eura-relocation.com*
Internet: *http://www.eura-relocation.com*

Beratungsstellen des Raphaels-Werkes
Raphaels-Werk
Generalsekretariat
Adenauerallee 41
20097 Hamburg
Tel.: 0 40/2 48 44 20
Fax: 0 40/24 84 42 26
E-Mail: *kontakt@raphaels-werk.de*
Internet: *http://www.raphaels-werk.de*

Caritasverband für die Regionen Aachen Stadt und Aachen Land e.V.
Beratungsstelle des Raphaels-Werkes
Scheibenstraße 16
52070 Aachen
Tel.: 02 41/9 49 27-224
Fax: 02 41/9 49 27-289
E-Mail: *Aachen@Raphaels-Werk.de*

Caritasverband für die Diözese Augsburg
Auf dem Kreuz 41
86152 Augsburg
Tel.: 08 21/31 56-0
Fax: 08 21/31 56-215
E-Mail: *Augsburg@Raphaels-Werk.de*

Caritasverband für das Erzbistum Berlin e.V.
Beratungsstelle des Raphaels-Werkes
Tübinger Straße 5
10715 Berlin
Tel.: 0 30/85 78 42 37
Fax: 0 30/85 78 41 37
E-Mail: *Berlin@Raphaels-Werk.de*

Caritas für Düsseldorf
Beratungsstelle des Raphaels-Werkes
Oststraße 40
40211 Düsseldorf
Tel.: 02 11/16 02 22 33
Fax: 02 11/16 02 22 24
E-Mail: *Duesseldorf@Raphaels-Werk.de*

Caritasverband für das Bistum Essen
Beratungsstelle des Raphaels-Werkes
Kaninenberghöhe 2
45136 Essen
Tel.: 02 01/81 02 87 39
Fax: 02 01/81 02 88 36
E-Mail: *Essen@Raphaels-Werk.de*

Beratungsstelle des Raphaels-Werkes
Vilbeler Straße 36
60313 Frankfurt
Tel.: 0 69/91 30 65 50
Fax: 0 69/91 30 65 55
E-Mail: *Frankfurt@Raphaels-Werk.de*

Caritasverband der Diözese Hildesheim
Beratungsstelle des Raphaels-Werkes
Vordere Schöneworth 10

30167 Hannover
Tel.: 05 11/71 32 37
Fax: 05 11/71 32 39
E-Mail: *Hannover@Raphaels-Werk.de*

Caritasverband Kassel e.V.
Beratungsstelle des Raphaels-Werkes
Frankfurter Straße 209
34134 Kassel
Tel.: 05 61/9 42 76 13
Fax: 05 61/9 42 76 19
E-Mail: *Kassel@Raphaels-Werk.de*

Caritasverband für die Stadt Köln
Beratungsstelle des Raphaels-Werkes
Norbertstraße 27
50670 Köln
Tel.: 02 11/16 02 22 33
Fax: 02 11/16 02 22 24
E-Mail: *Koeln@Raphaels-Werk.de*

Caritasverband Koblenz
Beratungsstelle des Raphaels-Werkes
Hohenzollernstraße 118-120
56068 Koblenz
Tel.: 02 61/13 90 65 06
Fax: 02 61/13 90 65 90
E-Mail: *Koblenz@Raphaels-Werk.de*

Caritasverband Lübeck
Beratungsstelle des Raphaels-Werkes
Fegefeuer 2
23552 Lübeck
Tel.: 04 51/7 48 79

Fax: 04 51/7 06 04 33
E-Mail: *Luebeck@Raphaels-Werk.de*

Caritasverband für das Bistum Magdeburg
Beratungsstelle des Raphaels-Werkes
Karl-Schmidt-Straße 5c
39104 Magdeburg
Tel.: 03 91/4 08 05 12
Fax: 03 91/4 08 05 20
E-Mail: *Magedeburg@Raphaels-Werk.de*

Caritas-Zentrum Altstadt
Beratungsstelle des Raphaels-Werkes
Landwehrstraße 26
80336 München
Tel.: 0 89/23 11 49 60
Fax: 0 89/23 11 49 61
E-Mail: *Muenchen@Raphaels-Werk.de*

Diözesan-Caritasverband
Beratungsstelle des Raphaels-Werkes
Am Stadelhof 15
33098 Paderborn
Tel.: 0 52 51/20 92 29
Fax: 0 52 51/20 93 84 44
E-Mail: *Paderborn@Raphaels-Werk.de*

Caritasverband für die Diözese Passau
Beratungsstelle des Raphaels-Werkes
Steinweg 8
94032 Passau
Tel.: 08 51/39 21 81
Fax: 08 51/39 22 01
E-Mail: *Passau@Raphaels-Werk.de*

Diözesancaritasverband Regensburg
Beratungsstelle des Raphaels-Werkes
Von-der-Tann-Straße 7
93047 Regensburg
Tel.: 09 41/5 02 11 53
Fax: 09 41/5 02 11 25
E-Mail: *Regensburg@Raphaels-Werk.de*

Caritasverband für Saarbrücken und Umgebung e.V.
Beratungsstelle des Raphaels-Werkes
Kantstraße 14
66111 Saarbrücken
Tel.: 06 81/3 09 06-36
Fax: 06 81/3 09 06-18
E-Mail: *Saarbruecken@Raphaels-Werk.de*

Caritas Mecklenburg e.V.
Beratungsstelle des Raphaels-Werkes
Klosterstraße 24
19053 Schwerin
Tel.: 03 85/5 91 69 17
Fax: 03 85/5 91 69 23
E-Mail: *Schwerin@Raphaels-Werk.de*

Caritasverband für die Region Trier e.V
Beratungsstelle des Raphaels-Werkes
Petrusstraße 28
54292 Trier
Tel.: 06 51/2 09 62 24
Fax: 06 51/2 09 62 28
E-Mail: *Trier@Raphaels-Werk.de*

Caritasverband für die Diözese Würzburg
Beratungsstelle des Raphaels-Werkes

Koellikerstraße 5
97070 Würzburg
Tel.: 09 31/3 04 18 11
Fax: 09 31/3 04 18 22
E-Mail: *Wuerzburg@Raphaels-Werk.de*

Berater im EURES-Netzwerk

Lore-Elisabeth **Hentze** (DRK Sachsen-Anhalt)
Rudolf-Breitscheid-Straße 6
06110 Halle (Saale)
Tel.: 03 45/5 00 85 32
Fax: 03 45/2 02 31 41
E-Mail: *lore-elisabeth.hentze@sachsen-anhalt.drk.de*

Eta **Abasow** (Diakonisches Werk Neukölln-Oberspree)
Morusstraße 18a
12053 Berlin
Tel.: 0 30/68 24 77 20
Fax: 0 30/68 24 77 12
E-Mail: *eta.abasow@debitel.net*

Eugenia **Gilge** (DRK Brandenburg)
Eisenhartstraße 5
14469 Potsdam
Tel.: 03 31/28 64-123
Fax: 03 31/28 64-124
E-Mail: *gilge@debitel.net*

Renate **Scheel** (DRK Mecklenburg-Vorpommern)
Wismarsche Straße 298
19055 Schwerin
Tel.: 03 85/5 91 47 52
Fax: 03 85/5 91 47 19
E-Mail: *renate.scheel@debitel.net*

Helga **Kunkel-Müller**/Uta **Witte**
(Evangelische Auslandsberatung e.V./Diakonisches Werk)
Rautenbergstraße 11
20099 Hamburg
Tel.: 0 40/24 48 36
Fax: 0 40/24 48 09
E-Mail: *kunkel-mueller@debitel.net*

Sabina **Hoffmann** (RW Hannover)
Vordere Schöneworth 10
30167 Hannover
Tel.: 05 11/71 32 37
Fax: 05 11/71 32 39
E-Mail: *sabina.hoffmann@debitel.net*

Martina **Lüdeke** (RW Essen)
Olgastraße 5a
45130 Essen
Tel.: 02 01/8 79 84 14
Fax: 02 01/8 79 84 22
E-Mail: *martina.luedeke@debitel.net*

Ursula **Fischenich** (RW Köln)
Norbertstraße 27
50670 Köln
Tel.: 02 21/2 83 62-0
Fax: 02 21/2 83 62-14
E-Mail: *Raphaels-Werk@Caritas-Koeln.de*

Norbert **Suing** (RW Aachen)
Scheibenstraße 16
52070 Aachen
Tel.: 02 41/9 49 27-224
Fax: 02 41/9 49 27-289
E-Mail: *aachen@raphaels-werk.de*

Jan **Sladek** (RW Frankfurt)
Vilbeler Straße 36
60313 Frankfurt
Tel.: 0 69/91 30 65 52
Fax: 0 69/91 30 65 55
E-Mail: *jan.sladek@debitel.net*

Hartmut **Daub** (RW Saarbrücken)
Kantstraße 14
66111 Saarbrücken
Tel.: 06 81/3 09 06-0
Fax: 06 81/3 09 06-18
E-Mail: *Hartmut.Daub@Raphaels-Werk.de*

Gerlinde **Lang** / Margot **Gillé**
(Diakonisches Werk Hauptgeschäftsstelle)
Gerokstraße 17
70184 Stuttgart
Tel.: 07 11/21 59-541 / -534
Fax: 07 11/21 59-130
E-Mail: *lang@diakonie.de* , *gille@diakonie.de*

Elisabeth **Kieniewicz** (RW München)
Landwehrstraße 26
80336 München
Tel.: 0 89/23 11 49 60
Fax: 0 89/23 11 49 61
E-Mail: *elisabeth.kieniewicz@debitel.net*

EURES-Berater der Bundesanstalt für Arbeit

Baden-Württemberg

Arbeitsamt Freiburg
Norbert **Mattusch**
Lehenerstraße 77
79106 Freiburg
Tel.: 07 61/2 71 04 62
Fax: 07 61/2 71 06 69
E-Mail: *Freiburg.Europaservice@arbeitsamt.de*

Arbeitsamt Friedrichshafen
Sabine **Hohloch**
Eugenstraße 41
88045 Friedrichshafen
Tel.: 0 75 41/3 09 10
Fax: 0 75 41/3 09 33
E-Mail: *Friedrichshafen.Europaservice@arbeitsamt.de*

Arbeitsamt Karlsruhe
Sylvia **Müller**
Brauerstraße 10
76137 Karlsruhe
Tel.: 07 21/8 23 10 75
Fax: 07 21/8 23 20 13
E-Mail: *Karlsruhe.Europaservice@arbeitsamt.de*

Arbeitsamt Konstanz
Gisela **Schrodin**
Stromeyersdorfstraße 1
78467 Konstanz
Tel.: 0 75 31/58 53 10
Fax: 0 75 31/58 51 69
E-Mail: *Konstanz.Europaservice@arbeitsamt.de*

Arbeitsamt Lörrach
Günther **Eichkorn**
Brombacher Straße 2
79539 Lörrach
Tel.: 0 76 21/17 85 19
Fax: 0 76 21/17 85 05
E-Mail: *Loerrach.Europaservice@arbeitsamt.de*

Arbeitsamt Offenburg
Pietro **Turri**
Weingartenstraße 3
77654 Offenburg
Tel.: 07 81/9 39 31 47
Fax: 07 81/9 39 31 48
E-Mail: *Offenburg.Europaservice@arbeitsamt.de*

Arbeitsamt Rastatt
Daniela **Zink**
Karlstraße 18
76437 Rastatt
Tel.: 0 72 22/93 04 14
Fax: 0 72 22/93 01 58
E-Mail: *Rastatt.Europaservice@arbeitsamt.de*

Arbeitsamt Rastatt – Gst. Baden-Baden
Anneliese **Maier**
Lange Straße 75
76530 Baden-Baden
Tel.: 0 72 21/21 10 36
Fax: 0 72 21/21 10 70
E-Mail: *Rastatt.Europaservice@arbeitsamt.de*

Arbeitsamt Stuttgart
Angelika **Kvaic**
Neckarstraße 84
70190 Stuttgart
Tel.: 07 11/9 20 27 47
Fax: 07 11/9 20 27 25
E-Mail: *Stuttgart.Europaservice@arbeitsamt.de*

Bayern

Arbeitsamt Kempten
Helmut **Demeter**
Rottachstraße 26
87439 Kempten
Tel.: 08 31/2 05 61 16
Fax: 08 31/2 05 63 56
E-Mail: *Kempten.Europaservice@arbeitsamt.de*

Arbeitsamt München
Eicke **Lenz**
Kapuzinerstraße 26
80337 München
Tel.: 0 89/51 54 30 69
Fax: 0 89/51 54 64 99
E-Mail: *Muenchen.Europaservice@arbeitsamt.de*

Arbeitsamt Passau
Albert **Bachinger**
Innstraße 30
94032 Passau
Tel.: 08 51/50 82 85
Fax: 08 51/50 84 47
E-Mail: *Passau.Europaservice@arbeitsamt.de*

Arbeitsamt Pfarrkirchen
Franziska **Wenzl**
Max-Breitherr-Straße 3
83347 Pfarrkirchen
Tel.: 0 85 61/98 21 03
Fax: 0 85 61/98 21 31
E-Mail: *Pfarrkirchen.Europaservice@arbeitsamt.de*

Arbeitsamt Rosenheim
Ingrid **Kuchler**
Wittelsbacher Straße 57
83022 Rosenheim
Tel.: 0 80 31/20 22 97
Fax: 0 80 31/20 25 51
E-Mail: *Rosenheim.Europaservice@arbeitsamt.de*

Arbeitsamt Traunstein – Gst. Freilassing
Helmut **Rechenauer**
Münchener Straße 3
83395 Freilassing
Tel.: 0 86 54/47 64 13
Fax: 0 86 54/47 64 29
E-Mail: *Traunstein.Europaservice@arbeitsamt.de*

Arbeitsamt Weilheim
Wilhelm **Merkl**
Karwendelstraße 1
82362 Weilheim
Tel.: 08 81/99 12 24
Fax: 08 81/99 12 40
E-Mail: *Weilheim.Europaservice@arbeitsamt.de*

Berlin/Brandenburg

Arbeitsamt Berlin-Südwest
Kerstin **Whalley**
Wolframstraße 89-92
12105 Berlin
Tel.: 0 30/55 55 80 26 36
Fax: 0 30/55 55 80 26 40
E-Mail: *Berlin-Suedwest.Europaservice@arbeitsamt.de*

Arbeitsamt Berlin-Südwest
Ina **Rosenow**
Wolframstraße 89-92
12105 Berlin
Tel.: 0 30/55 55 80 26 37
Fax: 0 30/55 55 80 26 40
E-Mail: *Berlin-Suedwest.Europaservice@arbeitsamt.de*

Arbeitsamt Frankfurt/ Oder – Gst. Fürstenwalde
Iljana **Patzig**
Eisenbahnstraße 171
15517 Fürstenwalde/ Spree
Tel.: 0 33 61/56 91 20
Fax: 0 33 61/56 92 99
E-Mail: *Frankfurt-Oder.Europaservice@arbeitsamt.de*

Hamburg

Arbeitsamt Hamburg
Angela **Griem**
Nagelsweg 9
20097 Hamburg
Tel.: 0 40/24 85 19 88
Fax: 0 40/24 85 19 87
E-Mail: *Hamburg.Europaservice@arbeitsamt.de*

Hessen

Arbeitsamt Frankfurt am Main
Eberhard **Niklas**
Fischerfeldstraße 10-12
60311 Frankfurt am Main
Tel.: 0 69/21 71 21 44
Fax: 0 69/21 71 21 39
E-Mail: *Frankfurt-Main.Europaservice@arbeitsamt.de*

Arbeitsamt Frankfurt am Main
Wolfgang **Becker**
Fischerfeldstraße 10-12
60311 Frankfurt am Main
Tel.: 0 69/21 71 25 86
Fax: 0 69/21 71 26 62
E-Mail: *Frankfurt-Main.Europaservice@arbeitsamt.de*

Arbeitsamt Kassel
Karl-Joachim **Besteck**
Grüner Weg 46
34117 Kassel
Tel.: 05 61/7 01 20 66
Fax: 05 61/7 01 29 58
E-Mail: *Kassel.Europaservice@arbeitsamt.de*

Mecklenburg-Vorpommern

Arbeitsamt **Rostock**
Ilona Jaudzims
Kopernikusstraße 1 a
18057 Rostock
Tel.: 03 81/8 04 12 40
Fax: 03 81/8 04 15 04
E-Mail: *Rostock.Europaservice@arbeitsamt.de*

Niedersachsen

Arbeitsamt Hannover
Claudia **Seiler**
Brühlstraße 4
30169 Hannover
Tel.: 05 11/9 19 19 21
Fax: 05 11/9 19 19 60
E-Mail: *Hannover.Europaservice@arbeitsamt.de*

Arbeitsamt Leer
Detlef **Rau**
Jahnstraße 6
26789 Leer
Tel.: 04 91/9 27 02 32
Fax: 04 91/9 27 04 90
E-Mail: *Leer.Europaservice@arbeitsamt.de*

Arbeitsamt Nordhorn
Thorsten **Weber**
Stadtring 9-15
48527 Nordhorn
Tel.: 0 59 21/87 04 22
Fax: 0 59 21/87 02 59
E-Mail: *Nordhorn.Europaservice@arbeitsamt.de*

Nordrhein-Westfalen

Arbeitsamt Aachen
Heinz Jürgen **Werner**
Roermonder Straße 51
52072 Aachen
Tel.: 02 41/8 97 12 69
Fax: 02 41/8 97 15 98
E-Mail: *Aachen.Europaservice@arbeitsamt.de*

Arbeitsamt Coesfeld – Gst. Gronau
Gerhard **Gericks**
Bahnhofstraße 39
48599 Gronau
Tel.: 0 25 62/93 34 38
Fax: 0 25 62/93 34 40
E-Mail: *Coesfeld.Europaservice@arbeitsamt.de*

Arbeitsamt Dortmund
Sabine **Sklenarz**
Steinstraße 39
44127 Dortmund
Tel.: 02 31/8 42 11 50
Fax: 02 31/8 42 28 43
E-Mail: *Dortmund.Europaservice@arbeitsamt.de*

Arbeitsamt Essen
Thomas **Birlenberg**
Berliner Platz 10
45127 Essen
Tel.: 02 01/1 81 12 40
Fax: 02 01/1 81 14 50
E-Mail: *Essen.Europaservice@arbeitsamt.de*

Arbeitsamt Köln
Magrit **Braun**
Luxemburger Straße 121
50939 Köln
Tel.: 02 21/94 29 19 13
Fax: 02 21/94 29 19 94
E-Mail: *Koeln.Europaservice@arbeitsamt.de*

Arbeitsamt Krefeld – Gst. Nettetal
Ulrich **Blome**
Steegerstraße 49
41334 Nettetal
Tel.: 0 21 53/91 87 21
Fax: 0 21 53/91 87 40
E-Mail: *Krefeld.Europaservice@arbeitsamt.de*

Arbeitsamt Rheine – Gst. Steinfurt
Gabriele **Drees**
Ochtruper Straße 22
48565 Steinfurt
Tel.: 0 25 51/1 43 13
Fax: 0 25 51/1 43 40
E-Mail: *Rheine.Europaservice@arbeitsamt.de*

Arbeitsamt Wesel – Gst. Goch
Wilfried **Kullmann**
Wiesenstraße 44
47574 Goch
Tel.: 0 28 23/93 39 13
Fax: 0 28 23/93 39 37
E-Mail: *Wesel.Europaservice@arbeitsamt.de*

Rheinland-Pfalz

Arbeitsamt Landau – Gst. Kandel
Peter **Hiery**
Saarstraße 93-95
76870 Kandel
Tel.: 0 72 75/95 50 13
Fax: 0 72 75/95 50 33
E-Mail: *Landau.Europaservice@arbeitsamt.de*

Arbeitsamt Trier
Thomas **Jacobi**
Dasbachstraße 9
54292 Trier
Tel.: 06 51/2 05 30 03
Fax: 06 51/2 05 30 41
E-Mail: *Trier.Europaservice@arbeitsamt.de*

Saarland

Arbeitsamt Saarbrücken
Anfried **Horbach**
Hafenstraße 18
66111 Saarbrücken
Tel.: 06 81/9 44 11 81
Fax: 06 81/9 44 50 11
E-Mail: *Saarbruecken.Europaservice@arbeitsamt.de*

Arbeitsamt Saarlouis – Gst. Lebach
Volker **Steinmetz**
Tholeyerstraße 2
66822 Lebach
Tel.: 0 68 81/93 50 35
Fax: 0 68 81/93 50 50
E-Mail: *Saarlouis.Europaservice@arbeitsamt.de*

Sachsen

Arbeitsamt Chemnitz
Gudrun **Pieper**
Heinrich-Lorenz-Straße 120
09120 Chemnitz
Tel.: 03 71/5 67 14 24
Fax: 03 71/5 67 14 25
E-Mail: *Chemnitz.Europaservice@arbeitsamt.de*

Arbeitsamt Dresden
Romy **Zeiler**
Budapester Straße 30
01069 Dresden
Tel.: 03 51/4 75 16 39
Fax: 03 51/4 75 19 51
E-Mail: *Dresden.Europaservice@arbeitsamt.de*

Arbeitsamt Leipzig
Hans-Joachim **Haesler**
Georg-Schumann-Straße 150
04159 Leipzig
Tel.: 03 41/91 31 22 51
Fax: 03 41/91 31 22 59
E-Mail: *Leipzig.Europaservice@arbeitsamt.de*

Sachsen-Anhalt

Arbeitsamt Magdeburg
Grit **Lüderitz-Gerth**
Hohepfortestraße 37
39104 Magdeburg
Tel.: 03 91/2 57 12 06
Fax: 03 91/2 57 12 07
E-Mail: *Magdeburg.Europaservice@arbeitsamt.de*

Schleswig-Holstein

Arbeitsamt Flensburg
Tom **Zielasko**
Waldstraße 2
24939 Flensburg
Tel.: 04 61/81 95 07
Fax: 04 61/81 94 30
E-Mail: *Flensburg.Europaservice@arbeitsamt.de*

Arbeitsamt Kiel
Jochen **Fietz**
Adolf-Westphal-Straße 2
24143 Kiel
Tel.: 04 31/7 09 12 11
Fax: 04 31/7 09 11 30
E-Mail: *Kiel.Europaservice@arbeitsamt.de*

Arbeitsamt Lübeck – Gst. Timmendorfer Strand
Sabine **Ebbert**
Wohldkamp 1
23669 Timmendorfer Strand
Tel.: 0 45 03/87 01 32
Fax: 0 45 03/87 01 40
E-Mail: *Luebeck.Europaservice@arbeitsamt.de*

Thüringen

Arbeitsamt Erfurt
Harald **Hopf**
Max-Reger-Straße 1
99096 Erfurt
Tel.: 03 61/3 02 17 94
Fax: 03 61/3 02 29 51
E-Mail: *Erfurt.Europaservice@arbeitsamt.de*

Arbeitsamt Jena
Katja **Amthor**
Fritz-Ritter-Straße 44
07747 Jena
Tel.: 0 36 41/37 93 07
Fax: 0 36 41/37 93 73
E-Mail: *Jena.Europaservice@arbeitsamt.de*

Zentralstelle für Arbeitsvermittlung (ZAV)
Zentralstelle für Arbeitsvermittlung
Doris Mohn, Ingo Ostermann, Claudia Silvestroni, Eva-Elisabeth Weber, Elmar Symanowski
Villemombler Straße 76
53123 Bonn
Tel.: 02 28/7 13 13 13
Fax: 02 28/713 12 84
E-Mail: *Bonn-ZAV.Europaservice@arbeitsamt.de*

Internetseiten

http://www.raphaels-werk.de : Seite des Raphaelswerks
http://www.bva.bund.de : Seiten des Bundesverwaltungsamtes, über die Links „Aufgaben" und „Auswanderung" gelangt man zu den Informationen für Auswanderer
http://www.auswandern-heute.de : Allgemeine Informationen zum Thema Auswanderung
http://www.auswandern-aktuell.de : Auswander-Forum
http://www.fernweh-pur.de

Literaturhinweise

Elster, Antonio: Amerika: Visa, Wohnen, Arbeiten, Auto, Finanzen, Book on Demand 2001

Leja, Karin: Kanada. Handbuch für Auswanderer, Motorbuch-Verlag Paul Pietsch Verlage, Stuttgart 2003

Pütz, Christoph / Pütz, Simone: Goodbye Deutschland. Mit der Green Card in die USA, Book on Demand 2001

Sackstedt, Ulrich F.: Australien. Handbuch für Auswanderer, Motorbuch-Verlag Paul Pietsch Verlage, Stuttgart 2003

Sackstedt, Ulrich F.: USA. Handbuch für Auswanderer, Motorbuch-Verlag Paul Pietsch Verlage, Stuttgart 2002

Schwartz, Liam / Georg Mehnert: Der amerikanische Traum. Mit Green Card oder Visum in die USA, interconnections, Freiburg 2000

Spallek, Heiko / Gisela Spallek: Aufbruch ins Land der unbegrenzten Möglichkeiten. Studieren, Arbeiten und Leben in den USA. Tipps für Neuankömmlinge, Spallek.com, Magdeburg 2000

Wernick, Allan: Handbuch Einwanderung USA, TIA Verlag, Bonn 2000

Wohlgeschaffen, Ulla: Mit dem Partner ins Ausland. Handbuch für einen erfolgreichen Auslandsaufenthalt, TIA Verlag, Bonn 2000